商务英语新闻语篇语境化意义识解机制研究

蓝可染◎著

A Study of the Contextualized Meaning Construal Mechanism in Business English News Texts

知识产权出版社
全国百佳图书出版单位
——北京——

图书在版编目（CIP）数据

商务英语新闻语篇语境化意义识解机制研究 / 蓝可染著 . —北京：知识产权出版社，2023.10
ISBN 978-7-5130-8848-0

Ⅰ . ①商… Ⅱ . ①蓝… Ⅲ . ①国际商务—英语—阅读教学—语境学—教学研究 Ⅳ . ① F740

中国国家版本馆 CIP 数据核字（2023）第 143733 号

责任编辑： 赵 昱　　**责任校对：** 王 岩
封面设计： 北京麦莫瑞文化传播有限公司　　**责任印制：** 孙婷婷

商务英语新闻语篇语境化意义识解机制研究

蓝可染　著

出版发行： 知识产权出版社有限责任公司　　**网　　址：** http：//www.ipph.cn
社　　址： 北京市海淀区气象路 50 号院　　**邮　　编：** 100081
责编电话： 010-82000860 转 8128　　**责编邮箱：** zhaoyu@cnipr.com
发行电话： 010-82000860 转 8101/8102　　**发行传真：** 010-82000893/82005070/82000270
印　　刷： 北京建宏印刷有限公司　　**经　　销：** 新华书店、各大网上书店及相关专业书店
开　　本： 720mm × 1000mm　1/16　　**印　　张：** 12
版　　次： 2023 年 10 月第 1 版　　**印　　次：** 2023 年 10 月第 1 次印刷
字　　数： 180 千字　　**定　　价：** 59.00 元
ISBN 978-7-5130-8848-0

目 录

1. 导 论

2. 文献综述

3. 理论框架

4. 商务英语新闻语篇中涉及语境化意义识解的突出语言特征

5. 基于认知语境线索链模式的商务英语新闻语篇语境化意义识解机制

6. 结论与展望

1. 导 论

1.1 引言

商务英语新闻语篇是读者了解国际市场发展动态及各国主要经济政策的重要窗口，其内容涉及各国在政治经济、财政政策、国际贸易、市场营销、电子商务、企业管理、民生就业等领域的热点话题，其语汇形式具有广泛运用隐喻、习语、行话，以及使用特定的政治、经济、社会等热点或事件关联性语词等特点。这些语言特征使商务英语新闻语篇行文更具专业性、简洁性、形象性、生动性、趣味性，但也构成了语篇中概念或命题语义识解的难点，是商务英语语言研究的重要课题之一。目前有关商务英语新闻语篇意义识解的研究十分有限，理论探讨尚不多见，研究方法较多针对具体实例进行微观层面的阅读技巧分析，没有明确的方法论作为指导。鉴于此，本研究旨在从探讨认知语境线索链模式的建构及其运作机制出发，试图对商务英语新闻语篇中概念或命题语义识解的思维轨迹及操作理据作可阐释性、可分析性、可推论性、可描述性、可印证性、可操作性研究，力求探索语言意义识解这一大脑“暗箱操作”的普遍原理性认识的认知过程。

1.2 语篇意义识解与语境研究发展趋势

对于什么是语篇，学者们在长期的研究中出于不同的研究视角和目的，形成了各种各样的定义（王寅，2007）。基于这些定义和商务英语新闻语篇的特定功能，笔者在研究中将“商务英语新闻语篇”定义为“人们实际用于传播商务信息的自然语言（英语），这是一个连贯的整体”。

商务英语新闻语篇是实际使用的语言，即“在线语言”(online language)(Van Hoek et al.，1999)。因为它是真正“活”的语言现象，所以它能反映“活”的人类认知。朱长河和朱永生（2011）在探讨认知语篇学时指出，“语篇的意义不是先定的、等待语篇接受者去发现的客观存在，而是语篇接受者的认知与语篇之间互动的结果”，将语篇的理解纳入人类的一般认知模式。“Cognitive”来源于拉丁语单词“cognoscore”，意思是知道或对某事有所了解。曾利沙教授在2015年第24届广东外语外贸大学博士生论坛题为“认知语境与翻译研究”的演讲中，对“认知”作出定义：“‘认知’是指人们认识外部世界的过程，或对作用于人类感官的外部事物进行信息加工的过程。它包括感觉、知觉、记忆、思维、想象和文字，是人们认识或感知的过程和活动。”这种认知活动属于认知主体，因此认知研究的实际对象是认知主体。对语言的认知研究实际上是对语言使用者的认知能力及其意义推导过程的研究。认知能力是指语言使用者在意义识解过程中感知和操纵相关语境因素的能力。

语境分析是语篇意义识解的关键，不考虑语境因素的语篇分析注定会失败。然而，语境因素是“丰富而复杂的”(朱永生，2005:1)。语言语境［如与语篇的前一部分或后一部分的关系，或与先前语篇的关系，即博格朗（De Beaugrande）和德斯勒（Dressler）于 1981 年提出的“互文性”等］和文化语境（如体裁、事件框架或语篇写作的特定文化背景等），都属于语境范畴。最复杂、最难把握但同时最关键的语境因素是参与者（读者）。因为只有当上述因素被认为与当前语篇相关时，它们才会在语篇识解过程中被考虑。也就是说，这些因素首先应该存在于阅读参与者的认知世界中，并在当前语篇的信息加工过程中被激活，才会影响语篇的识解。这部分语境通常被称为认知语境，它来源于参与者。除了上述语境因素，认知语境还包括参与者对世界的认识、认知模式和推理能力等，这意味着在当前语篇中，激活的认知语境最终决定了对语篇的理解，它应被视为语篇语境化意义识解的重要环节。

认知语言学是认知科学和语言学的结合，其基本特征是研究人们对世界的认识是如何通过“意象图式”建立起来的（王寅，2007：1）。正是由于这一特点，从认知的角度对语境的研究更倾向于探索语境的结构和形式、基本单位以及运作机制和规律，这为语境和语言意义的研究开辟了新的空间。以下几项成果可为本研究提供重要的启发性参考。

（1）不断了解语境因素及其制约机制。在传统语义学中，语境首先涉及语言形式的语境，即语篇中的语境，其次是与语言形式相联系的具体事物。布龙菲尔德（Bloomfield，1933）的“一个人可以从可观察的语境中获得意义”就是典型的观点之一。然而，这些观点将语境因素限制在可见的语篇层面，以及与语篇中的语言形式相关联的可观察的语境中，这给意义的解释带来了很大的局限。在注意到意义与语境之间的密切关系后，许多语言学家对语境的构成因素进行了研究和讨论。语境的构成因素主要包括时间、地点、场合、身份、语篇前文等静态的物理环境。然而，对语境因素的识别只是语境研究的第一步，许多学者，如莱昂斯（Lyons，1977）、列文森（Levinson，1983）等认识到，并不是所有的，而是只有少数相关的语境因素在交际中起作用。但如何确定相关语境因素仍是一个有待解决的问题。一直以来困扰语言学家的丰富、复杂甚至混乱的语境因素问题最终在斯珀伯和威尔逊（Sperber，Wilson，2001）的认知视角的引入中得到了有效的解决。他们通过“认知环境”的确定，通过“明示”和“互为显明”的方式，有效地建构了相关的语境因素。维索尔伦（Verschueren，2000）的“视野线”（lines of vision）进一步制约了语境因素，使语境研究的路径逐渐转向与认知科学的结合，从而为解释语境的生成过程和意义识解的运作机制提供了一种更有效的途径。认知语言学领域的研究为语境因素增添了新的内容，但同时也有效地限制了语境因素看似无限的范围。值得注意的是，认知语言学除了对语境因素及其功能进行动态研究外，还借鉴了社会语言学、认知科学、心理学等方面的研究成果，将意图、目的、心理状态等心理因素纳入语境范畴，此外，还包括心理情境、社区和百科知识，如参与者对未来的期望、科学假设或宗教信仰、记忆、文化假设等。语境被认为是内在的心理构念，而不仅仅是外在具体语境因素的集合。此外，参与者被置于语境因素的中心（Verschueren，2000），履行了参与者在语境中发挥的主动作用。这意味着任何语境因素在成为认知语境之前都必须先进入参与者的认知，这有助于更合理地限制无序杂乱的语境因素。新发展的语境因素进一步完善了语境理论，使其更加全面，语境因素的制约使意义的识解更加科学合理。

（2）结合语言形式和语境来研究意义的研究范式。意义研究始于对语言形式的研究，但在语境因素的介入下，这一研究范式的不完整性得到了改善。在斯珀伯和威尔逊（2001）的关联理论中，他们对语码模型和推理模型的讨论实际上是基于语言形式本身的解释力不足，以及他们对语言形式和语境的互动研究的探索。斯珀伯和威尔逊认为语码模型具有解释性：话语确实能成功地传达思想，但其主要缺陷是描述不足：理解涉及的不仅是语言信号的解码。句子的语义表征与所表达的实际思想之间存在一定的差距，而弥补这一差距的方法就是推理。推理是语言形式与语境之间的互动过程，因此，他们认为“语码模式和推理模式并非不能互相兼容；两者可以通过多种方式结合起来”（Sperber，Wilson，2001：3）。

尽管限制在语言形式层面上的意义识解研究有其局限性，但语言学家从未真正从语言形式上撤回他们的关注；相反，他们试图在语言形式的基础上寻求语境的帮助，并依靠语言形式与语境之间的互动关系来建构意义。这一观点在斯珀伯和威尔逊的关联理论中得到了全面的解释。他们认为，语篇关联是命题 P 与语境集 C1、C2、…、Cn 之间的关系，而 P 的意义是由它们的关联性决定的，这为我们重新审视语言形式与语境之间的关系提供了一个新的视角。语言形式本身是语境的一部分，即语篇语境，语篇之外的语境因素往往附着在语言形式上。布莱克摩尔（Blakemore，1992）指出，语境知识框架可以被概念表征激活，这意味着语言形式具有触发语境的功能，如列文森（1983）讨论的预设触发语的功能。

（3）语境建构观的确立。语境建构观体现了语境的动态性。传统语境研究中的语境因素是静态的，是在进行交际之前给出的。斯珀伯和威尔逊（2001）使用五个假设来证明，如果交际中涉及的语境范围是提前给出的，或者包含听者的整个百科知识，考虑到这样一个无限庞大的语境规模，那么要取得语境效果，就需要付出巨大的信息加工的努力——更不用说加工时间了，这是荒谬的。事实上，正如莱昂斯（1977）和列文森（1983）所指出的，影响交际中意义识解的语境因素是有限的，正是这些有限的语境因素构成了认知语境。斯珀伯和威尔逊还试图证明，在交流过程中，语境是选择的，而不是给定的。他们认为，个人百科全书式记忆的组织，以及他所从事的心理活动，限制了潜在的语境数量；只有当某概念出现在一个业已加工的定识中时，该概念的百科条目才会被调取。在每一轮对话结束时，没有影响推理或被推理影响的定识会从记忆体中删除，而在演绎装置的记忆中，前一推理过程遗留下来的定识构成了一个新的即时语境，在这个语境中，下一个新的信息可以被演绎加工。交际中所需的语境就是在这种不断删除和扩展中动态建构的，这种解释更符合人类信息加工过程的现实。语境建构的观点在斯珀伯和威尔逊对个体认知环境的定义中得到了进一步的证实，即个体认知环境是“他能够感知或推断的所有事实的集合”（Sperber，Wilson，2001：39）。感知和推理都是动态的，所以认知语境的建构过程也是动态的。

语境的建构观也反映在维索尔伦（2000）的“适应性的语境相关因素”和他对“语境的生成”的论述中。维索尔伦认为，从涉及语言使用者、物理世界、社交世界和心智世界的交际语境的无限成分中识别“适应性的语境相关因素”，需要重点关注语言使用者。他认为，在语言使用者的认知过程中，首先应该激活物理世界、社交世界和心智世界的各个方面，然后它们才能在语言使用中发挥作用。激活的过程只是“适应性的语境相关因素”的建构过程，他明确指出，“语境是由说话人和释话人之间的，与‘客观外在’的现实相联系的互动的动态过程创造出来的。因此，相关语境是有边界的，即使它们不是稳定的、且具有永久协商性”（Verschueren，2000：109）。该论述表明，语境的建构不是一成不变、一经建构便永久使用的，而是随着语篇的发展而不断调整和建构的动态过程。

语境研究至此，动态语境建构的观点已经基本确立，这使语境化意义识解机制中语境建构规律的研究变得更加必要。

（4）语境信息提取机制的发展。语境信息的提取机制可以从两个方面给我们启示：一是语言形式可以触发语境信息；二是对语境信息的结构形式及其获取机制的探索。这两者的结合使我们找到了获取语境信息的基本手段和意义识解的一般规律和方法。

从列文森（1983）对预设－触发的探索，布莱克摩尔（1992）关于概念表征激活知识框架的观点，以及谢夫林（Schiffrin，1988）在话语标记中的语境坐标，人们逐渐认识到语言形式激活隐含语境信息的功能。在关联理论中，斯珀伯和威尔逊（2001）进一步改进了这一观点，并给出了一个描述。从认知角度来看，关联理论认为认知语境是一组个体可以理解的假设。假设的命题形式由称为概念的较小成分组成，假设是一组结构化的概念。他们假设每个概念都由一个标签或地址组成，在这个标签或地址下可以存储和检索各种类型的信息。地址可以作为逻辑形式的一个组成部分出现，演绎规则对其存在可能是敏感的。关联理论的上述观点清楚地解释了语言形式与语境信息之间的关系。语言形式包含概念的逻辑形式，通过概念的触发效应，人们可以获取、调整并最终获得概念之下存储的语境信息，从而建构认知语境。

语境信息结构的研究成果对我们识解意义有很大帮助。认知语境研究是在计算机科学、人工智能和认知科学的帮助和启发下，根据语境知识存在的特点，将语境视为内化于大脑中的知识结构。这种结构被称为认知域、图式、框架、脚本或理想化认知模型。以上几个概念虽略有差异，但总体上都揭示了情境知识存在于大脑中的共同特征，即结构化特征。对这一特征的探索，在一定程度上解决了语境因素的无序状态问题，为交际中的意义解释提供了一种方法。结构化的语境知识是抽象的，这种抽象是基于经验的，它涵盖广泛的语境知识，如语言语境、情景语境、文化语境等。这种抽象有助于人们在实际交际中获取语境知识，符合人类认知趋向抽象性的典型特征。

对结构化语境知识的探索为解释语境的触发机制提供了基础。这两项成果的结合可以更清晰地解释语言形式触发功能对语境信息的选择和获取机制。本研究将努力在这方面有所尝试。

综上所述，笔者得出的结论是无论是：语言形式还是大脑中内化的语境知识都不足以解释意义，唯有二者结合和互动，人们才能从中获得意义。这一过程涉及语言形式的触发功能，它激活大脑中内化的语境知识。语境知识以抽象结构的形式存在，人们有选择地获取语境知识，从而完成意义解释。在整个过程中，对具有触发功能的语言形式的识别以及这些语言形式对语境信息的激活是意义识解的关键。

对上述相关研究成果的回顾，将为本研究建构的观点和模式提供支持性参考，并使笔者的探索成为以往研究的延伸。同时，笔者可以从相关理论中汲取灵感，整合方法，开拓新的研究视角。

1.3 商务英语新闻语篇语境化意义识解机制的研究问题及意义

本研究的总体研究目标是建构一个认知语境线索链模式，并将其运作机制应用于商务英语新闻语篇的语境化意义识解过程。为了实现上述总体研究目标，本研究着重回答以下三方面问题。

（1）商务英语新闻语篇中有哪些性质的语境化意义识解难点问题？解决这些问题需要在意义识解过程中进行怎样的认知操作？

（2）如何把握建构认知语境线索链模式的操作理据与规则，其运作机制是如何解决商务英语新闻语篇中的语境化意义识解问题的？

（3）为什么认知语境线索链模式的意义识解机制对解决商务英语新闻语篇语境化意义识解难点问题更有效？

基于以上研究问题的解决，本研究具有以下理论及实践意义：

就理论意义而言，本研究的主要贡献在于建构一个新的理论分析框架——认知语境线索链模式，该模式可以有效地解决商务英语新闻语篇中出现的各种语境化意义识解难点问题。研究发现，在认知语境线索链模式的意义识解机制的指导下，商务英语新闻语篇中基于语境的三个意义识解难点问题，包括认知隐喻、商业术语和特定（政治、经济、社会）事件关联性语词，都可以得到有效解决。本研究认为，语篇内外的任何语境因素都应该首先进入读者的认知视野，成为真正影响意义识解过程的认知语境的一部分，这有效地克服了以往语境研究中广泛考虑语境因素的困难。此外，传统语境研究缺乏对操作方法的深入研究，未能使意义识解过程具有可阐释性、可描述性、可分析性和可操作性，这使读者难以有效地运用特定的语境建构操作机制，并把握语篇概念或命题语境化意义识解背后的操作理据和规则。与传统语境理论相比，认知语境线索链模式将进入读者认知视野的语境因素具体对象化为特定的、相关的线索，并根据意义识解过程中的运作机制进行推理论证。通过对典型案例的逐步分析，充分展示了认知语境线索链模式的整个运作过程，直观地反映了读者在语篇语境化意义识解过程中的思维轨迹和操作理据。

从实践意义上讲，本研究的主要贡献在于：其一，指出了商务英语新闻语篇中语境化意义识解问题的三个突出难点，这些难点问题可以在认知语境线索链模式的意义识解机制的分析指导下解决。其二，本研究总结了商务英语新闻语篇内外潜在的三类语境线索，进一步促进了认知语境线索链模式的构建，并为实际操作提供了实用的指导。其三，本研究强调分析过程的可描述性和可操作性，对拓展意义识解机制研究具有一定的实践指导意义。其四，本研究也为商务英语阅读教学提供了丰富的材料，对读者有所启发。

1.4 研究方法

本研究将采用演绎、归纳、定性描述和过程论证等多种研究方法，选取商务英语新闻语篇作为分析对象。

（1）演绎法。演绎法被非正式地称为“自上而下”的方法，在这种方法中，一种理论被发展出来，并收集特定的数据或观察结果来测试该理论——这是对原始理论的确认（或不确认）。本研究提出认知语境线索链模式，旨在为商务英语新闻语篇的阅读理解和语境化意义识解服务。它是在借鉴前人认知语境和语境参数理论研究成果的基础上建立起来的。该模式是对更真实地勾勒出语篇语境化意义识解过程中读者的心理轨迹和操作理据的一种理论尝试。

为了检验新建立的理论模式的意义识解机制在解决商务英语新闻语篇中不同性质的语境化意义识解难点问题时的适用性和有效性，本研究收集了大量的典型例子进行细致的分析。分析过程严格遵循该模式意义识解运作机制的步骤，最后成功地建构了语篇实例中那些理解难点的语境化意义，证实了该模式的意义识解机制在语篇语境化意义识解中的适用性和有效性。

（2）归纳法。归纳法被非正式地称为“自下而上”的方法，与演绎法相反：从具体的观察或数据转移到更广泛的概括和理论。本研究涉及演绎和归纳两种方法，因为从具体实例分析中发现的内容和规律可以反过来对新发展的理论模式进行丰富和修正。通过将认知语境线索链模式应用于解决不同性质的语篇语境化意义识解难点问题，可以发现存在于语篇内外的一些潜在语境线索。通过对各种语境线索的归纳和分类，进一步丰富了新理论模式的内容，使其在解决上述语境化意义问题时更加具体和易于操作。

（3）定性描述。本研究还采用定性描述的方法对收集到的案例进行了分析。在探讨商务英语新闻语篇涉及语境化意义认知识解的突出特点的过程中，笔者试图定义和概括商务英语新闻语篇理解中存在的困难的属性，这些困难需要读者在意义识解过程中进行认知操作，其中包括认知隐喻、商业术语和特定事件关联性语词。本研究给出了典型的例子来展示上述各种困难，并通过研究这些例子来揭示语境化意义识解过程中需要涉及的认知因素和认知操作。此外，通过对大量典型案例的分析，本研究总结出商务英语新闻语篇内外潜在的三类语境线索，包括词汇、程式化表达和历时性（政治、经济或社会）事件，这有助于认知语境线索链模式的建构，并为实际操作提供了实用的指导。

（4）过程论证。迄今为止，语篇语境化意义识解的认知研究仍是一个薄弱环节，尤其是在阐释意义识解过程方面。本研究建立的认知语境线索链模式是一种理论尝试，旨在更真实地描述语篇语境化意义识解过程中读者的心理轨迹和操作理据。语境化意义识解需要经历感知和识别语篇中的语言语境线索、激活知识框架、推导假设和建构线索链等步骤。本研究基于认知语境线索链模式的意义识解机制，一步一步跟踪整个推理过程，对读者在语境化意义识解过程中的心理轨迹和操作理据进行详细阐释和可视化描述，这使得语言语境化意义识解这一大脑“暗箱操作”的过程更具可描述性、可分析性、可推演性和可印证性。在案例研究中，本研究运用表格流程图记录了读者的认知操作过程，突出了贯穿语境化意义识解整个过程的认知因素，使分析更加具体直观。

1.5 本书结构

本书共分为六章。

第一章明确研究方向，论证本研究的理论基础，陈述总体研究目标，提出三个研究问题，简述研究意义，介绍研究方法，最后说明本研究的组织结构。

第二章首先对国内外商务英语语言学研究进行概述，综述商务英语语言学研究的热点和趋势，其次回顾商务媒体语篇的研究，最后评述英语阅读和商务英语阅读的研究方法。

第三章是本研究的理论思考和理论框架：重新定义认知语境，分析认知语境的特征，分析认知语境的结构和作用机制，建构认知语境线索链模式。

第四章探讨商务英语新闻语篇中涉及语境化意义识解的突出语言特征及导致的理解困难，研究语境化意义识解过程中需要涉及的认知因素和认知操作。

第五章将认知语境线索链模式应用于解决上述商务英语新闻语篇语境化意义识解中的难点问题，找出其内在规律，进一步丰富和完善认知语境线索链模式的内容和可操作性。

第六章是本研究的结论，包括主要发现、研究意义、局限性和进一步研究的建议。

2. 文献综述

2.1 商务英语语言学研究综述

商务英语是多学科融合的综合性学科，它涉及语言学、经济学、国际商务等诸多学科。就语言层面而言，商务英语这一分支应被纳入专门用途外语的概念中。本章从商务英语语言学的角度，回顾了最近十多年来国内外商务英语研究的发展，旨在研究商务英语语言学的一般特征、研究主题和发展趋势。

2.1.1 商务英语语言学研究概况

在中国，针对专门用途外语的研究可以追溯到杨惠中先生（1978）对科技英语的研究。20 世纪 90 年代末，学术界对商务英语的研究逐渐增多（付美榕，1999；郎可夫，2000）。进入 21 世纪，随着语言学从本体论迅速发展到跨学科的专门用途领域，商务英语作为专门用途英语最重要的分支（王立非，2012），其研究逐渐成为专门用途英语研究的主流。

自 20 世纪 70 年代末以来，专门用途英语（ESP）的研究逐渐建立了稳定的国际交流平台，一些重要的期刊相继发行。因此，商务英语应运而生并迅速发展起来。商务英语语言学作为一门新兴的语言学学科，引起了越来越多学者的关注。“商务英语语言学”一词是由对外经济贸易大学王立非教授提出的，它是指从不同的语言学理论角度研究英语在国际商务中的应用，是英语语言学和国际商务的交叉点。它包括以下 13 个组成部分：商务英语词汇学、商务英语功能语言学、商务认知语言学、商务语用学、商务语篇分析、商务翻译、跨文化商务交际学、商务社会语言学、商务对比语言学、商务语料库语言学、商务英语教学法、英语经济学与商务英语研究方法（王立非、陈香兰、葛海玲，2013）。

李朝（2015）指出，商务英语语言学研究的范围和对象是研究英语在商务或商务活动领域的应用，尤其是研究语言变体与商务跨文化影响之间的关系，旨在从不同角度解释商务语言的变异现象，并为商务语境中的语言学变异提供有力的理论解释。

2.1.2 国外商务英语语言学研究现状

随着世界经济和社会的不断发展，英语被广泛应用于国际商务交流的各个领域。英语在国际商务活动中发挥着重要作用，这一点已被人们广泛认可和接受。英语用于商务活动，不仅包括商务谈判、保险、索赔、信用证、付款、装运，还包括贸易、金融、运输、会计、投资、国际合作、经济法等。国际商务活动中使用的英语不仅在词汇和语法上具有特定的特点，而且具有鲜明的意识形态、礼貌体系和话语形式。它与一定的商业背景知识相联系，有明确的目的，并基于需求分析。因此，英语在商务活动中的使用越来越不同于普通英语。它形成了一种独特的语言和交际体系，进而形成了英语的一种功能变体——商务英语。如今，商务英语在世界上许多国家蓬勃发展。发达国家非常重视商务英语教育，许多大学都开设了商务英语课程。

此外，国外也发表了大量关于商务英语语言学研究的学术论文。笔者检索了 2005—2023 年在 SSCI 名单中三家有影响力的杂志上发表的论文，包括《专用英语》(*English for Specific Purposes*)，《学术英语杂志》(*Journal of English for Academic Purposes*)，《语用学学刊》(*Journal of Pragmatics*)，考察了国外商务英语研究的学术趋势。研究发现，按数量降序排列，研究主题包括：

（1）商务英语教学法，其内容涉及教学方法（Gimenez，2014）、教学实践（Weninger，Kan，2013）、课程设计（Evans，2013）、商务英语教育（Jackson，2005）、教材评价（Sznajder，2010）、教学大纲（Flowerdew，2005）等；

（2）商务英语语用学（Rogerson，2007；Fulton，2010；Moreno，2012）；

（3）商务功能语言学（Warren，2013；Yeunga，2007）；

（4）话语分析（Mieroop，Schnurr，2014；Jaworska，2023）；

（5）商务对比语言学（Fukuda，2009）；

（6）商务社会语言学（Moody，2014）；

（7）跨文化交际（Murata，2014）；

（8）英国经济学（Planken，Meurs，Radlinska，2010）；

（9）语料库（Walker，2011）；

（10）商务认知语用学（Velasco-Sacristán，Fuertes-Olivera，2006）。

2.1.3 中国商务英语语言学研究现状

商务英语在中国的发展可以追溯到 20 世纪 50 年代初。由于“冷战”的国际环境，我国与国际社会的交流和沟通非常有限。这种情况导致学习商务英语的机会不足，商务英语在当时的中国没有明显的发展。20 世纪 80 年代以来，中国确立了以经济建设为中心，实行对外开放的政策。对外经济贸易活动范围逐步扩大，国际商务活动蓬勃发展。中国对外经济交往已从原来的单一商品贸易发展到技术、服务、资本、金融、保险、旅游等领域，人们对商务英语的了解也开始深入。90年代以来，我国社会主义市场经济体制逐步建立和完善，经济全球化进程加快，我国进出口贸易额快速增长，然而却缺乏能够直接使用英语从事国际商务活动的人才，这推动了商务英语在中国的发展。进入21世纪，随着中国加入世界贸易组织，经济全球化和世界一体化的进一步加强，中国的经济和社会进入了一个快速发展的新时期，商务英语在我国的发展达到了一个新的高峰。

国内已经发表了大量关于商务英语语言学研究的学术论文。笔者检索了2005—2022年在CSSCI收录的11种有影响力的期刊上发表的论文，包括《外语教学与研究》《中国外语》《外语界》《现代外语》《中国翻译》《外国语》《外语教学》《外语学刊》《外语与外语教学》《外语电化教学》《外语教学理论与实践》，考察中国商务英语研究的学术趋势。研究发现，按数量降序排列，研究主题如下。

（1）商务英语教学法，其内容涉及教学方法（雷春林，2006），课程设计（俞建耀、刘法公，2013），教学实践（周芹芹，2008），教学设计（徐珺、史兴松，2011），教学改革（肖辉，2008），测试（王立非、江进林，2011），教材（莫再树、孙文娟，2010），人才培养模式（王艳艳、王光林、郑丽娜，2014；史兴松、程霞，2019；王立非、崔璨，2020），教师发展（李玉香，2012），教学评价（彭川、朱文忠，2011；邵珊珊、王立非，2022）。

（2）商务英语翻译，内容涉及词汇翻译（顾维勇，2007；顾维勇、吴奕萱，2021）、翻译教学、翻译理论（李红丽，2013）、翻译评论（徐珺、夏蓉，2013）、翻译标准（马会娟，2005）等。

（3）商务英语语篇（严明，2009）。

（4）商务词汇（徐珺、自正权，2014）。

（5）商务语用学（张鋆，2013）。

（6）商务功能语言学（周文萱，2011）。

（7）商务语料库语言学（张鸰，2010）。

（8）商务英语经济学（田兰，2013）。

（9）跨文化商务交际学（史兴松、徐珺，2012）。

（10）商业社会语言学（谷小娟，2013）。

（11）商务认知语言学（曾利沙，2011）。

（12）商务英语研究方法（王立非、崔璨，2019）。

2.1.4 商务英语语言学的研究趋势

通过对以上国内外商务英语研究课题的对比分析，发现国内的研究课题主要分布在商务英语教学法、翻译和语篇分析三个方面，其中对商务英语教学法的研究比例较高；国外的研究课题主要分布在商务英语教育学、商务英语语用学、商务英语功能语言学、跨文化交际学和商务英语社会语言学等领域。话题分布相对均衡，突出商务英语的特殊用途和应用特性。与国外研究相比，国内对商务语言本身的研究还比较薄弱。

国内外对商务英语研究的上升趋势表明，随着全球商务的全面发展，人们对商务英语的关注达到了前所未有的水平。商务英语也将从专门用途英语的分支转变为英语学科的独立成员。林添湖（2012）在“第二届全国商务英语学科理论研讨会”上提出，商务英语学科的理论体系建设可以朝着构建商务语言学的方向推进，并把商务语言学构建成应用语言学范畴内一门完整独立的交叉型应用学科。王立非（2012）指出，商务英语语言学是从外国语言学中派生出来的一门新兴学科，未来，商务英语语言学的研究将以商务语言学理论为指导，研究的主要对象是国际商务环境中英语语言的应用。

语言学家认为语言是随着社会的发展而发展的。要了解一种语言的发展规律，就必须密切研究社会发展史和语言创造者的历史。商务英语作为英语的一种功能变体，以英语的基本语法和词汇为基础，但又具有独特的语言特征和独特的语言现象。未来，商务语言学的研究将以语言学理论为指导，从功能语言学、社会语言学、语用学、认知语言学、跨文化交际和语篇分析等角度研究英语在商务领域的应用，深入探讨商务词汇、句法结构、语篇、语言特征以及语境和认知规律，旨在揭示商务英语语言的本质，构建商务英语语言学的核心，推动商务语言学学科的进一步发展。

2.2 商务媒体话语研究综述

近年来，国内外学者提出，商务英语的研究已经从语言转向话语（Bhatia，2006；Bowles，2012；Bargiela-chiappini et al，2014；王立非、张斐瑞，2016）。话语分析与传统语言学研究既有联系又有区别。它们的共同点是都非常重视语言，但它们又有不同之处。商务英语语言研究描述了各种商务英语语篇的词汇、语法和其他语言特征（Bowles，2012；王立非、张斐瑞，2016），而商务英语话语研究则探索了微观（商务场景）和宏观语境（社会、文化、政治、经济和其他环境）中各种商务英语语篇的特征。

国内外对商务英语语言和商务英语语篇的研究大多以语言数据或语料库为主要研究对象（史兴松、万文菁，2018）。研究者通常使用语言学方法来分析特定的商务体裁（Daniushina，2010）。在商务英语语料库的研究中，商务媒体话语一直受到国内外的高度重视。语料通常选自国际知名财经期刊，如《经济学人》、《哈佛商业评论》、《财富》和《商业周刊》。

语言学家对基于媒体话语语料库的经济隐喻有着特殊的偏好，根据其内容可分为以下三类：一是研究单一语言中的经济隐喻模式，主要研究任务是发现概念隐喻及其在经济隐喻中的语言表达；二是对单一语言中经济隐喻的历时研究；三是探讨经济隐喻在跨语言、跨文化使用中的异同（胡春雨、徐玉婷，2017）。

蒲萍（2006）对商务英语新闻中的概念隐喻进行了认知研究，探索了商务英语新闻中的八个典型概念隐喻，并考察了这些隐喻是如何实现从源始域到目标域的映射过程的。通过案例研究，她发现很多商务领域的词汇都是从其他领域借用来的。由于隐喻延伸的过程，它们具有特定于商务的含义。隐喻推理可以揭示词语如何产生新的含义，以及新含义与其核心含义之间的关系。王俊超等（2017）研究经济语篇中的新奇隐喻，这些隐喻往往会给理解和翻译带来困难。他们从语境参数理论的角度探讨了新奇隐喻的识解机制，语境参数理论作为一种分析工具，有助于突显、投射、排除和强化新奇隐喻的特征。他们的研究为商务英语隐喻理解和翻译中的认知思维运作机制提供了一种可阐释与可操作性的理论方法。

柯勒（Koller，2014）将认知隐喻理论与批评话语分析相结合，为隐喻研究提供了新的思路。在将该框架应用于商业杂志的大量语篇语料中时，作者展示了战争、竞技体育的隐喻是如何被用来将商业构建为一个男性化的社会领域的。

孙亚等（2012）利用语料库工具 Wmatrix 对中美媒体中关于“H1N1 流感”的隐喻使用进行了比较，为认知语言学的经验转向和社会转向提供了新的视角。胡春雨等（2017）研究了汉英经济隐喻的异同。他们的研究以《经济学人》和《中国经济周刊》的两个可比语料库为基础，从概念隐喻理论和认知文化理论的角度对靶域词语“经济”和“economy”进行考察，分析其普遍性和变异性。

上述研究分析了商务媒体话语中的隐喻，但也有其局限性。有的研究商务媒体话语中的隐喻，以讨论新闻报道中隐含的意识形态或权力关系（Koller，2014；Sun et al，2012；胡春雨、徐玉婷，2017），但没有进一步通过文本细读来论证意义识解过程中的认知机制，未能提供一种可阐释性和可操作性的方法来帮助读者掌握语篇意义识解背后的理据和规律。有的研究特别关注英语商务新闻语篇中隐喻理解的困难，并揭示了源始域和目标域之间映射过程中所采取的步骤，为描述和推断隐喻理解的认知机制提供了可阐释性和可操作性的方法（蒲萍，2006；王俊超等，2017），但他们只关注英语商务新闻语篇理解中出现的一个特定意义难点问题，而忽略了其他问题。事实上，除了隐喻外，其他突出的语言特征也构成了商务英语新闻语篇的理解障碍。因此，需要建立一个理论分析框架来解决更多的基于语境的意义问题。

2.3　英语阅读与商务英语阅读研究综述

这一部分将对主流阅读模式以及图式理论在英语阅读和商务英语阅读理解研究中的应用进行概述，评述当前普通英语阅读和商务英语阅读研究的成果和局限性。

2.3.1 英语阅读研究概述及反思

阅读是一个复杂的意义识解过程，也是一个典型的认知过程。英语阅读研究已有一百多年的历史，根据姚喜明等（2004）的考察，英语阅读研究经历了四个有影响力的阅读模式的演变阶段，包括信息加工模式、语言心理模式、互交模式和图式理论。阅读模式从基于语言单位解码的数据驱动模式、基于句法和语义知识的概念驱动模式、强调感知加工并从不同层次的语言形式获取信息的交互模式发展到基于知识表征、知识结构的图式理论。英语阅读理解研究的发展过程呈现出从单纯的语言单位表层研究到深入的内化知识结构，再到语言形式与内化知识相结合的研究范式的发展趋势。英语阅读理解研究中应用的理论模式的演变表明了意义研究的深化和进步，也体现出对语言意义识解过程更加全面、综合和科学的认识。图式理论在英语阅读理解研究中的应用取得了令人瞩目的成就，体现了其广泛的影响力和强大的解释力。因此，图式理论被认为是当今英语阅读理解研究中最著名的理论模式之一。

图式理论最早由格式塔心理学家 F. C. 巴特莱特（F. C. Bartlett，1933）提出，他将图式定义为“对过去反应或经验的积极组织”。现代图式理论出现于 20 世纪 70 年代末，其代表人物是美国人工智能专家 D. E. 鲁姆哈特（D. E. Rumelhart）。他将图式定义为以层次化的形式存储在人的长期记忆中的交互式知识结构。换言之，图式是指从过去的经验中获得并存储在记忆中的现有知识。在语境研究中，这部分知识被视为认知语境的重要组成部分。图式体现了认知语境的结构特征，将图式理论引入阅读研究实际上反映了研究者认识到以图式形式存在于读者头脑中的知识对阅读理解的影响。框架、图式、脚本等都是人类大脑中描述结构化语境知识的概念，而结构化是认知语境的重要特征之一。尽管这些概念之间有细微的差别，但它们基本上描述了大脑中认知语境的组织形式。研究者将已知的知识描述为图式，认为阅读理解是语言信息与语境知识图式之间的互动过程。换句话说，图式理论在阅读研究中建立了一种模式，即通过各种知识之间“自下而上”和“自上而下”的交互作用来获取意义。“自下而上”是指读者根据语言符号的含义来理解语篇的过程，这是一个受语篇语言符号控制的数据驱动的阅读过程。这个过程将读者的注意力吸引到新的信息上。“自上而下”是指读者以头脑中的高层次图式预测输入的信息，并仅提取必要的语言信息来证实或否定其预测的过程，这是一种由概念驱动的信息处理方式。

图式理论本质上是认知心理学领域的一个概念。它被应用于阅读研究，描述人们在阅读实践中的心理图式，即利用“自下而上”和“自上而下”的信息处理模式描述各种知识之间的相互作用。它实际上是对意义解释过程的总体描述：感知—语言解码—记忆中心理图式的激活—推理—意义。在这一过程中，我们看到了语言符号与内在结构化语境知识图式之间的相互作用，但也注意到图式理论对结构化知识获取过程的某些方面的解释不尽如人意，这降低了该理论在实际应用中的解释力。图式理论似乎认为，凭借对语言符号的解码与概念触发的图式知识之间的相互作用，就能成功实现对阅读语篇的理解，但事实并非如此。语篇作者和读者是具有不同认知特征的人，这种差异会导致不同的解读方式。从这个角度来看，阅读实践可以被视为读者与隐形作者之间的“缺席”交流。在这种特殊的交际中，意义识解不仅基于语言形式，还与交际者的背景知识和认知特征有关，这意味着读者应该是阅读研究的关键因素。图式理论对读者的主观能动性和认知特征关注不足，降低了其解释力。

在本研究中，笔者试图弥补图式理论的不足，以便更好地解释阅读实践中的意义识解过程。

2.3.2 商务英语阅读研究概述

商务英语阅读在中国越来越受到重视，但由于主流阅读模式和图式理论自身的局限性，无法更好地理解商务英语。主流阅读模式主要用于促进对一般英语阅读的理解，侧重语言方面，而不是商务英语阅读的重点——商务信息。因此，探讨商务英语阅读有其研究意义和价值。

李素真（2000）运用韩礼德（Halliday）的系统功能语法的语域理论对商务英语阅读进行探讨。她的研究通过实例讨论了商务英语阅读材料在语域、语旨和语式三个变量上的特点。她认为通过掌握商务英语的语域、语旨和语式特征，可以促进商务英语阅读理解。

谭英等（2006）运用案例教学法对商务英语阅读进行了探索。案例教学法的原则是运用典型案例，指导学生通过所学的相关知识对具体问题进行分析，最后提出问题的解决方案。通过讨论，他们认为运用这种方法可以促进读者对商务英语阅读材料的理解和对材料中所传递的商务知识的掌握。

丁芬（2007）从商务英语的词汇、句子和篇章结构特点的角度讨论了商务英语阅读。商务英语阅读材料包含特殊的词汇、缩略语、句子结构和篇章结构。通过讨论，作者介绍了一些提高商务英语阅读能力的阅读技巧，如掌握必要的背景信息，增加商务英语词汇储备，熟悉商务英语的句型和篇章结构。

张魁（2007）运用系统功能语法中的三个元功能，即语篇功能、人际功能和概念功能来阐述商务英语阅读材料的特点。通过讨论，得出结论：

商务英语阅读材料的特点是事实导向、客观和信息丰富。商务英语材料中的主位和述位可以帮助读者跟随作者的思路，快速获取材料中的信息。

图式理论也被许多研究者运用于商务英语阅读（龚敏，2004；李秀琴，2006；李维英等，2007）。李秀琴（2006）认为，中国的商务英语阅读材料广泛取材于英文原版的商业期刊、财经杂志和商业书籍，大部分材料具有篇章长、句子结构复杂、商业术语繁多等特点。这些特点给中国读者造成了阅读障碍。通过扩展商务英语阅读材料的语言图式、内容图式和形式图式，中国读者可以有效地消除阅读障碍。龚敏（2004）在她的研究中阐述了商务英语的词汇、篇章特征及其双重性。通过问卷调查，试图了解商务英语学习者的需求，并从语言图式、语篇图式和语境图式三个方面提出提高商务英语阅读能力的方法。李维英等（2007）阐述了图式理论对商务英语阅读的重要性，并基于图式理论的启示，对商务英语阅读教学提出了几点建议。

通过以上回顾，我们可以得出结论，所引入的阅读模式和图式理论都有助于理解商务英语语篇，并在不同阶段对商务英语阅读产生了一定的影响。然而，大多数的研究都局限于对阅读策略的探讨，以及对具体例子进行微观层面的阅读技巧分析，并没有提出明确的方法论作为指导。因此，我们需要探索一种更深刻、更令人满意的商务英语阅读方法。

2.4 总结

本章首先比较了国内外商务英语语言学研究的总体特点、研究主题和研究趋势，发现:（1）近十多年来，国内外主要语言学期刊上的商务英语语言学研究成果呈上升趋势。（2）国内研究课题主要分布在商务英语教育、翻译和语篇分析领域，教育方面的研究比例较高；国外的研究课题分布比较均匀，突出了商务英语的具体应用特性。与国外研究相比，国内对商务英语语言本身的研究相对薄弱。因此，未来的商务英语语言学研究应以语言学理论为指导，从功能语言学、社会语言学、语用学和认知语言学的角度，研究英语在商务环境中的应用，探讨商务专用词汇、句法结构、语篇语境和认知规律，从而揭示商务英语语言的本质。

本章还对英语阅读和商务英语阅读的研究方法进行了概述。阅读的研究经历了四个理论模式的演变阶段，即信息加工模式、语言心理模式、互交模式和图式理论，其中图式理论具有广泛的影响。然而，图式理论在解释意义获取过程的某些方面还不尽如人意。图式理论认为，凭借对语言符号的解码就可以触发相应的图式知识，从而获得对语篇的理解，忽视了读者的主导地位和积极作用。笔者认为，语言形式的触发功能不是语言形式本身自发的功能，而是读者认知实践的结果。此外，目前的研究，尤其是对商务英语新闻语篇意义识解的理论研究仍然有限，大多数研究方法都局限于探索阅读技巧和策略，以便对具体实例进行微观层面的分析，没有提出明确的方法论作为指导，因此，相关文献对本研究的参考价值不大。

3. 理论框架

3.1 引言

本章是关于理论思考和理论分析框架的建构，以解释商务英语新闻语篇中概念或命题的语境化意义识解过程。通过简要介绍相关理论思考，以期为本研究构建的理论分析框架提供依据。

3.2 认知语境的重要理论观点

3.2.1 认知语境研究的基本理论——关联理论

语境的研究经历了静态语境、动态语境和认知语境三个阶段。人们普遍认为，正是斯珀伯和威尔逊（2001）在《关联：交际与认知》一书中提出的“认知环境”概念给语境研究贴上了“认知”的标签，从而实现了语境研究的“认知转向”。关联理论中的关键概念，如假设、明示－推理模型、关联原则等，都是从认知心理学的角度定义和讨论的。最重要的是，斯珀伯和威尔逊（2001：15）从认知的角度重新定义了语境：“语境是个心理概念，是听者对世界所形成的众多定识的一个子集。影响语句理解的当然是这些定识而非世界的实际情况。”可以看出，他们所讨论的语境概念与传统语境有很大不同。根据这种意义来理解的语境，它所包含的信息就不只关乎直接物质环境或是前面刚说过的那些语句：对未来的期望，科学假设或宗教信仰、记忆中的轶事，广义的文化定识、对言者思维状态的信念等，都可能在理解中起作用。因此，在认知视角下，语境可能涉及更广的范围。此外，他们还正式提出了认知环境的概念，并将其作为其他相关概念的重要基础，为语境研究注入了新的活力，翻开了新的一页。

根据斯珀伯和威尔逊的关联理论，语篇关联是一个命题 P 与语境集 C1、C2、…、Cn 之间的关系，而 P 的含义取决于它们的相关性。因此，探索相关的语境是作者讨论的基本主题。斯珀伯和威尔逊（2001：39）首先提出了“认知环境”的概念，并指出“一个人的全部认知环境，就是他能感知或推出的所有事实之集合，即所有对其显明的事实。一个人的全部认知环境是其所处的物质环境及其认知能力两者的函项”（同上）。这一定义揭示了认知环境与传统语境的明显区别：它不仅包括情景语境，即物理环境，还将人们认知中推断出的事实，或者说，从人们实际拥有的知识中推断出的假设添加到语境中。因此，我们可以看到，认知环境的范围实际上可能比传统语境更大，但关键的区别在于，所有涉及的事实都应该首先进入交际者的认知，即被感知或推断，然后才成为认知环境的一部分。因此，斯珀伯和威尔逊提出的认知环境概念是对传统语境理论的一大改进，因为它进一步强调了交际者在语境建构中所发挥的突出和积极作用，为语境建构过程提供了更有效的解释。斯珀伯和威尔逊在语境研究方面的成就还不止于此。在讨论认知环境之后，他们继续质疑这样的“定识之集合”仍然不能令人满意地解释信息加工的真实过程，因为这种定识集合涵盖的范围与传统语境研究中的语境因素一样庞大。他们认为，由于交际双方的认知环境不可能完全重叠，促成交际成功的真正因素是双方认知环境的交集，即互有认知环境。因此，他们提出了“互为显明”(mutual manifestness) 的概念，用来描述交际双方的互有认知环境，如图 3-1 所示：

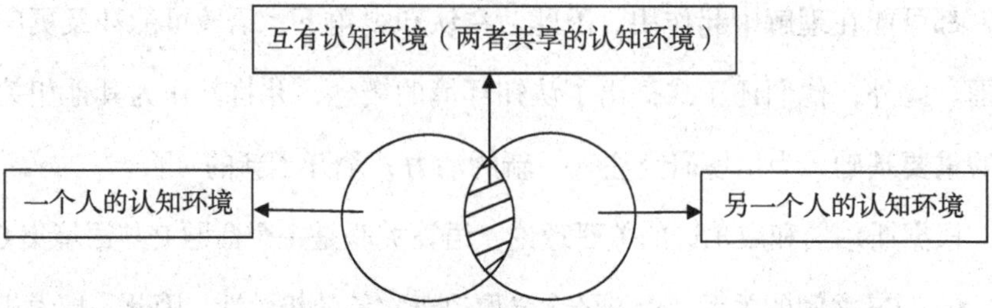

图 3-1　交际双方的互有认知环境

在互有认知环境里，“就每个显明的定识而言，该定识对共享此环境者皆为显明这个事实本身也是显明的”(同上: 42)，这构成了交流的基础。斯珀伯和威尔逊认为，交际双方使用的认知语境只是他们认知环境中“互为显明”的那一部分，即双方都能看到的一组事实。基于上述解释，在交际实践中真正影响交际双方的认知语境受到了进一步的限制，变得更加具体。此外，“互为显明”概念是对传统“共享知识”概念的提升。双方认知环境中的“互显性”为沟通奠定了基础。双方都能看到的事实或假设，是指双方都能感知或推断出该事实或假设，从而获得新的知识。相比之下，“共享知识”过于笼统，概念模糊，以至于在正常交际中会产生心理上的不合理性、不真实感，因为双方共享知识的范围太大，并且并非所有的知识都能在特定的交际中被感知或用于推理。虽然“共享知识”的概念在一定程度上限制了看似无限的语境范围，但与“互为显明”相比，它离实际的社会情境距离更远，在解释力上被证明较差。因此，斯珀伯和威尔逊从认知的角度进一步接近了交际中语境限制的现实，这为认知语境的确定过程提供了更加科学的解释。

为了解释交际中认知语境的建构过程，斯珀伯和威尔逊意识到需要进一步确定人们最有可能建构和处理哪些特定假设。他们认为答案是相关性。在他们看来，只有一个属性——相关性——使信息值得人类去处理。他们使用“相关性”概念来确定最有可能用于建构和推理的特定假设，从而解释信息处理的效率。斯珀伯和威尔逊认为，认知效率在于在现有资源的前提下，尽可能地提高自己对世界的认识，也就是说，当相互关联的新旧信息项作为推理过程的前提一起使用时，就可以得到进一步的新信息。新旧信息的结合和处理会产生倍增效应，斯珀伯和威尔逊称之“相关”。由于人类是高效的信息处理设备，我们本能地期望在交际中以最小的处理成本获得最佳的认知效果，即语境效果。这个过程需要在交际者的处理努力水平和语境效果之间取得最佳平衡，即通过合理的努力来达到足够的相关性。斯珀伯和威尔逊将这种最佳平衡描述为“最佳关联”，揭示了人们认知的规律性特征，他们认为实现“最佳关联”的重要手段是明示行为。

斯珀伯和威尔逊“把这种使一个想要显明某事的意图变得显明的行为称作明示行为或简称为明示”(同上: 49)。由此可见，明示行为与交际者的意图密切相关。斯珀伯和威尔逊以明示行为和交际者的认知推理为基础，建立了明示 – 推理模型，揭示了认知语境的建构和语篇意义的识解过程。如果提出“关联”的概念是为了限制假设范围和共享知识的无限性，那么明示 – 推理模型就提供了一种具体的手段来实施这些限制。

至此，我们看到，从“认知环境”、“互为显明”到“明示 – 推理模型”，认知语境逐渐受到有效的限制，使我们更加接近人类认知活动中语境确定过程的现实。

然而，关联理论的不足之处也应该指出：它没有详细解释意义识解过程中语境建构的心理轨迹和操作理据，因而使其理论方法和运作机制缺乏可证性及可描述性。曾利沙（2002）认为，意义给定行为必然具有潜在的操作理据。文本的意义生成必然经历一种主、客观互动的合力作用。所谓“客观”性是指潜在的意义生成参数的客观存在；而“主观”性则体现在译者对诸种潜在的意义生成参数数量上的多与少的感知与认定行为，对参数之间具有何种关联性的判断以及带有译者个体特征的推理与论证形式。从理论方法的可证性看，语境参数的关系辨析及其运作机制的可描述性，在一定程度上弥补了关联理论在这方面的不足（曾利沙，2011）。

3.2.2 维索尔伦的认知语境观

维索尔伦（2000）在语用学研究中的认知观在他对语用学的定义中得到了明确的体现。他将语用学具体化为“一种从认知的、社会的和文化的整体角度对语言现象的综观”。他的语用学研究涉及认知视角，语境研究作为其研究的重要对象，也充分体现了他的认知观。维索尔伦在语境研究中的认知观主要表现在两个方面：一是主张语言使用者的中心地位，二是关注交际者的心理世界。语言使用者的中心地位在他所描绘的“适应性的语境相关成分”（同上：76）的视觉表征中得到了清晰的体现（见图 3–2）。

图 3–2 中的焦点是发话人（U）和释话人（I），维索尔伦认为，“没有发话人和释话人及他们的心智功能，就没有语言的使用”（同上），交际语境中的其他因素，如物理世界、社交世界和心智世界的各个方面通常要经由语言使用者认知过程的激活，才能开始在语言使用中发挥作用。他特别强调，物理世界、社交世界和心智世界这些方面也是不能分开的，但这些方面的因素要进入发话人和释话人的共同视野才能称其为语境的相关成分。他提出了“视野线”的概念，并声称“在‘视野线’内的语境的每一

个方面都可以作为适应性的相关成分发挥作用”(同上: 77)，这意味着语言使用者要从广阔的物理世界和社交世界中作出选择，并通过心智世界的认知和激活，才能将几个方面的世界知识转变为相关的语境关联成分，构成对交际具有影响的语境。“视野线”代表了交际双方所感知的共同基础，即在发话人或释话人的选择实践中，物理、社交和心智世界的不同方面的激活部分。被激活的认知世界是不同的，但这些世界之间有重叠的区域，这些区域构成了相互交流的基础，即维索尔伦提出的“适应性的语境相关成分”。由此可见，“适应性的语境相关成分”等同于认知语境。语言使用者在“适应性的语境相关成分”中的中心地位，意味着交际者是认知和认知语境的决定性因素，因此认知语境可以被交际者把握和操纵，认知语境的建构应遵循一定的规则。

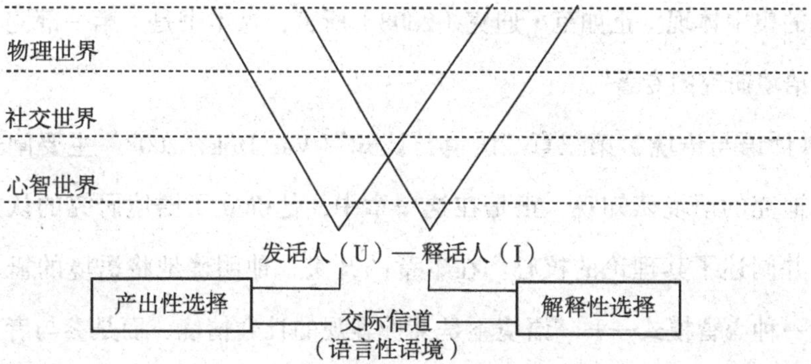

图 3-2　适应性的语境相关成分

维索尔伦的认知观进一步体现在他认为，“语言互动是心智与心智之间的交流”(同上: 87)。他对心智世界的描述涉及交际者的心理状态。心理状态作为语境的一部分，消除了人们对语境只指外部事物的误解。此外，他认为心智世界还包括语言使用者的个性、情感、欲望或愿望、动机、意图等，这些因素实际上构成了语言使用者认知能力的重要组成部分，也构成了认知语境的重要成分。

从维索尔伦关于语言使用者和心智世界的讨论中，我们可以看到，他总体观点的基本出发点是语言使用者及其认知世界。因此，他建构的“适应性的语境相关成分”框架实际上是基于认知的，也可以被称为“认知语境相关成分”。

3.2.3 范·迪克（Van Dijk）的语境认知理论

在所有从事语境研究的语言学中，范·迪克的研究是最全面、最系统的。他先后出版了三部代表作：《篇章与语境》(*Text and Context*，1977)，《话语与语境》(*Discourse and Context*，2008）和《社会与话语》(*Society and Discourse*，2009)，其中《话语与语境》是他从认知角度研究语境的观点和成果的集中体现。正如范·迪克（2008）所言，这本书是“第一部完全致力于语境研究的专著”。

《话语与语境》第三章“语境与认知”(Van Dijk，2008）主要阐述了范·迪克的语境认知观。正是在这一章中，他确立了语境研究的认知视角，并阐述了其理论的核心。在本章的开头，他明确地将语境的概念定义为一种心智模式——“语境不是某种客观的社会情境，而是参与者对这种情境的相关属性的基于社会经验但主观的建构，即心智模式”(contexts are not some kind of objective social situation, but rather a socially based but subjective construct of participants about the for-them-relevant properties of such a situation, that is, a mental model)(Van Dijk，2008∶56)。他的语境模式是从心智模式发展而来的，这决定了他在语境研究中的认知视角。在笔者看来，范·迪克探索心智模式以发展语境模式是为了找到一条走出传统研究中语境成分范围无限的途径，因为在他看来，传统语境理论中的语境几乎涵盖了所有因素，“语境理论有可能成为一种万物理论”(a theory of context risks becoming a Theory of Everything)(Van Dijk, 2008 : ix)。为了解决这个问题，他提出了自己关于语境的观点：“影响话语的不是社会情境，而是参与者定义这种情境的方式。”(同上: x) 也就是说，语言使用者主观认知因素的动态建构影响并决定了话语的意义，心智模式被认为控制着语篇和话语产生和理解的许多方面。

心智模式是范・迪克 (2008) 从认知角度提出的一个重要理论模式，范・迪克正是通过对心智模式一般属性的详细讨论，发展了语境模式理论。范・迪克认为心智模式使语篇连贯成为可能。语篇通常总是不完整而含蓄的，它们的作者预设了大量的“世界知识”，读者通过激活这些知识的相关部分来建构他们所读到的事件的心智模式，并用语篇隐含或预设的信息填充该模式。因此，大多数一般的、社会文化上共享的知识不需要明确表述，因为读者应该已经知道这些。因此，范・迪克认为话语理解涉及基于知识推理的、受语境控制的心智模式的建构。在这个过程中，信息接受者必须广泛运用社会知识和个人经验来建构心智模式，这无疑是一个认知过程。

范・迪克非常重视个人经验，他认为积累的个人经验可以形成一套心智模式，即个人经验可以以记忆的形式储存在头脑中，进而成为影响话语生成和理解的知识。范・迪克特别强调知识，他认为知识在语境模式中起着基础性的作用。在话语生成和理解的过程中，知识管理被认为是语境模式的一项基本任务。范・迪克在描述人们建构心智模式时使用的知识时，使用了“情节记忆”(episodic memory) 和“社会记忆”(social memory)。“情节记忆”是短期记忆，而“社会记忆”是长期记忆，前者包括许多细节记忆，后者则具有高度的抽象性和概括性。两者都构成了人的心智模式，也就是说，生活记忆中的所有知识都可能是心智模式的组成部分。

范·迪克以阅读过程为例，详细分析了心智模式的建构过程。他认为，如果人们在阅读关于某一事件的语篇时，实际上是在建构或更新有关这一事件的心智模式。这个建构过程广泛调用了普遍的社会知识。因此，我们的普遍知识有多少被激活并包含在心智模式中取决于语境。他认为，人们只有在阅读或聆听一个句子或段落的几秒钟内，才能激活和整合这些常识的小片段，从而理解语篇，也就是说，为语篇建构一个连贯的心智模式。范·迪克认为，与记忆的一般情况一样，心智模式可能是由数量有限的固定范畴组成的，这些范畴构成了抽象形式或“图式”，即模型图式（同上: 65）。他认为，我们可能能够根据之前学习的模型图式范畴来理解大多数事件，从而尽可能快地处理相关信息。范·迪克详细分析了情境模式、经验模式和套路模式等几类心智模式，揭示了心智模式所涵盖的各个方面，为语境模式的发展提供了基础。

范·迪克的语境模式更清楚地体现了他的语境认知观。他认为语境模式是一种特殊的日常经验心智模式，具有心智模式的所有属性。范·迪克详细列出了语境模式和心智模式共有的许多属性，例如：它们存储在情节记忆中；它们是个人的、独特的和主观的；它们以社会文化知识和其他社会共同信念为基础；它们能凸显交际参与者对进行中事件的观点和情感态度；能代表特定的（交际）事件；可以作为未来话语的基础；它们是动态的，在交互过程中不断更新；它们制约正在进行的交际行为，并使其适应社会环境；它们是通过对当前事件的策略性解读形成或更新的；它们可以成为概括、抽象和去语境化的基础，从而形成关于话语和交际的普遍知识；它们是由定义各种交际事件的图式和范畴组织起来的（同上: 71）。这些属性反映了语境模式的认知视角，因此语境模式的概念可以解释话语和交际的属性，而这些属性是其他认为话语直接受社会情境控制的理论所无法解释的。

在语境作为心智模式的讨论基础上，范·迪克详细阐述了语境模式的独特属性，如全局和局部语境、语境图式及其范畴、作为语境模式中心范畴的自我以及语境模式的范围限制性。此外，他还解释了语境模式的情境层次（微观和宏观结构及其对话语生成和理解的制约）、语境模式图式的范畴（设置、参与者、交际和其他行为 / 事件）以及自我及其在话语加工中的作用。语境模式作为一种特定类型的体验模式，从定义上讲是主观的，这意味着它们代表了"我"如何表现"我"当前的环境，"我"现在思考、行动、说话、写作、聆听或阅读的情况。更重要的是，"以自我为中心"还提示了"我"与其他参与者之间的关系。因此，"自我"是语境模式的中心和导向范畴。范·迪克强调，如果这个"自我"不能很好地发挥作用，语境模式就会受到影响，由这些模式控制的话语（和话语解释）也会受到影响（同上: 77）。语境模式是以自我为中心的，表现在交际情境可能非常复杂，但参与者需要将这些复杂信息简化为几个图式组织的范畴，以便能够在工作记忆中应用语境约束话语加工。信息加工过程中的主观性特征体现了人类认知的特征。目标和意图是语境模式的重要组成部分。范·迪克强调，"相互理解意图是人类认知的一个重要发展……因为意图定义了行动的意义"（同上: 98）。反过来，为了获得成功的话语理解，语言使用者必须重建说话者的交际意图，从而定义意义。人们出于某种交际目标进行交流，这说明心智模式是在一定的知识背景下运作的。语境模式是话语与世界的交界面，应该属于交际参与者的认知层面。知识在交际中起着至关重要的作用，在语境模式中起着核心作用。语境模式有一个中心装置，它调节话语中知识的表达，范·迪克为其引入了一个特殊的技术术语：K 装置，其中 K 是知识（knowledge）的缩写（同上：83）。在话语中的每一时刻，K 装置都会将说话者当前的知识作为输入，如关于事件的心智模式中表现出来的知识，以及更普遍的、社会共享的世界知识等，并“计算”接受者已经共享了多少知识。目标和意图的作用以及知识的调节都需要通过认知来实现，这进一步体现了范·迪克的认知观。范·迪克将语境模式所代表的关联与斯珀伯和威尔逊的关联理论进行了对比。他认为语境模式代表了交际情境中与参与者相关的内容。斯珀伯和威尔逊用“效果”来定义相关性，因此侧重于“相关”事实的实际后果，而范·迪克是用条件来定义相关性，因此侧重于相关事实本身（同上：78）。

基于上述分析，范·迪克将语境模式定义为“参与者对其所参与的（社会、互动或交际）情境的相关属性的特定心智模式或主观解释”（同上：24）。这一定义是在批判重客观性轻主观性的传统语境定义的基础上发展起来的，其发展主要体现在认知视角的引入上。在范·迪克看来，语境模式应该是相对简单的，它只包括一些图式组织的范畴及其子范畴，这意味着只有少数与话语相关（但文化上可变）的参与者范畴被用于建构语境模式，从而在话语加工中应用语境制约。

范·迪克对语境和认知视角的系统、全面的研究是语境研究的一大成就。但他似乎特别强调在建构语境模式的基础上理解语篇，这与传统的话语分析方法强调在语篇本身的基础上建构语境有很大的不同。范·迪克认为语境模式决定了语篇的建构，在语篇理解中也起着重要作用，但语篇本身在语境建构中并没有得到足够的重视。不可否认，认知视角的引入为语境研究开辟了新的天地，但同时我们应该认识到，传统语境研究的基点——语篇本身也应该受到同样的关注，并作为认知语境的重要组成部分加以研究。完整语篇的意义识解不应仅仅依赖于语篇或语境模式，而应是两者的完美结合，这正是笔者在研究中努力探索的方向。

3.2.4 曾利沙的语境参数论

语境参数论是曾利沙（2002）在传统语境理论的基础上，在语篇翻译研究中提出的。他突破了传统的语境要素分类和抽象概括的研究方法，将那些抽象的语境概念具体对象化为一系列参数，并讨论了这些参数的可描述性、可操作性和客观可论证性（曾利沙，2000，2005，2007，2010）。在语境参数论中，参数之间的关系是相互参照、相互映射、相互制约的。相互参照包括宏观与微观命题之间的参照、上下义之间的参照、整体与部分之间的参照等；相互映射包括概念义素之间的映射、关系特征之间的映射等；相互制约包括传统经验的制约等。

具体来说，语境参数系统可以分为言内和言外两个子系统。言内参数是指那些可以通过语言单位识别的语言参照因素，它又可以分为语言结构形式和语言内容两类，二者相互依存、相互转换。内容参数可以细分为语篇主题、段落主题、行为方式、时间、空间、事件、属－种关系、上下义关系、特征、交际意图、对比关系、因果关系、决定和辅助参数等，也可以进一步细分为更详细的参数。因为在一定的语言单位中，语言的形式和内容是相互联系的，所以这些参数在不同的层面上是相互影响的。曾利沙将言外参数视为情景参数，包括与语言相关的社会环境、自然环境、交际环境（包括交际意图、内容和方式）以及交际者的性格等。这些参数还可以进一步细分为子类别。例如，交际者的性格包括交际者的思想、特征、地位、修养、处境、情绪和相互关系等。相互关系又可以进一步细分为社会角色、交往地位、情感距离、信息背景等。这些宏观和微观层面的参数对语境化意义识解具有限制性、解释性和创造性作用。

总之，参数系统是一个动态的、开放的系统。一方面，参数的设置反映了语言符号的内在联系以及语篇外知识和信息对语篇意义的制约；另一方面，它可以将主体的心理表征反映到客观语境中，使心理表征更具可视性和经验性，而不是笼统地讨论抽象的语境概念。语境参数论从宏观和微观两个层面为意义识解过程提供了一个有效的分析和解释框架。曾利沙（2005，2007，2010）也以具体实例为例，对语境参数进行了描述性研究。他对语境参数的分类是系统而清晰的，对参数的描述具有很强的说服力，为语境化意义识解研究提供了一种可行的、可描述的和可阐释的方法。

自语境参数论提出以来，该理论在确定特定语境中多义、歧义、模糊和嬗变的具体含义方面显示出了巨大的威力（曾利沙，2002，2007，2010）。语境参数论为语境制约下的意义识解问题提供了新的见解和解决方案，并提出抽象的语境可以具体对象化为一些特定的、相关的参数，其运作机制可以通过充分的操作理据加以论证，使读者能够有效地利用特定的操作机制来进行意义识解。

3.2.5 本研究重新定义的认知语境

综合考虑认知语境研究的各种重要理论观点，并基于它们之间达成的共识，在本研究中，服务于语篇语境化意义识解的认知语境被重新定义为："认知语境是一种心理建构。读者感知到的外部输入（语篇中的语言信息）触发了存在于读者大脑中的相关内化知识结构，然后通过读者的选择和推理，推导出一组语境假设，即认知语境。因此，认知语境可以被视为语篇和外部世界知识的交界面。"

3.3 认知语境的特征

与传统语境不同，认知语境有其独特的特征。了解这些特征有助于我们更好地利用认知语境来阐释意义的识解和构建过程。基于学者们的研究和各种观点，笔者认为认知语境具有以下几个显著特征。

3.3.1 选定而非给定的特征

在许多文献中，如布朗和约尔（Brown & Yule，1983）、列文森（1983）和莱昂斯（1977），语言学家们都或明确或隐晦地认为，用于理解给定话语的语境是不容选择的；在言语交流的任何特定时刻，语境都被视为唯一确定的，是给定的。为了反驳这一观点，斯珀伯和威尔逊（2001）使用了五个假设来证明，如果语境是在理解过程之前确定的，或者在话语行为开始时已经存在于听者的头脑中，那么语境会自动被大量百科全书式的信息填满，大多数（有时是全部）都无法增加所处理的新信息的语境效果。考虑到这样一个语境的规模，要达到语境效果，需要付出巨大的处理努力，更不用说处理时间了，这并不符合人类交流的实际情况，我们本能地期望在交际中以最小的处理成本获得最佳的语境效果。因此，他们认为语境是选择的而不是给定的。他们进一步指出，“对特定语境的选择是由寻找相关性决定的”（Sperber，Wilson，2001：141）。从认知的角度来看，并非所有潜在的语境信息都会自动应用于话语中每个概念的解释，因为潜在的语境信息量如此之大，以至于如果将所有的潜在语境信息都应用到话语理解中，将会给人类的理解过程带来难以承受的负担，这是荒谬的。在交际中，真正能对话语解读产生影响的语境其实是由交际参与者选择而来的，只有参与者的主观感知所选择的语境才能成为认知语境。推理过程中语境的选择取决于演绎装置记忆体、通用短期记忆库和百科全书的记忆内容，以及能够立即从物理环境中获取的信息。个人百科全书式的记忆的组织方式，以及他所从事的思维活动，限制了他在任何给定时间可以选择的实际语境的潜在语境范畴。认知语境的形成具有可选择性的特点，使其更贴近人类认知过程的现实。

3.3.2 “格式塔”特征

“格式塔”的概念关注的是组成部分和整体之间的关系。“格式塔”是一个有组织的整体，其中每个部分都会影响其他部分。它的倡导者已经证明，大脑倾向于将事件和情况视为一种模式或整体，而不是独立元素的集合。认知语境的格式塔特征对传统语境研究范式提出了直接挑战。传统研究将语境分解为零散的元素，将语境视为一系列因素的组合，并分别研究它们的功能。相比之下，认知语境倾向于将语境视为一个整体，其中各要素相互融合、相互关联、相互作用。从认知语境的定义和构成可以清楚地看到这一特征。例如，一个人的认知语境被定义为“他能感知或推断的所有事实的集合：他能看到的所有事实”（Sperber，Wilson，2001：39），“一种心理建构，是听者关于世界的假设的子集”（同上：15）；“它是新输入的环境信息与大脑中的已有信息相互作用、相互整合而‘凸现’的结果”（黄华新、胡霞，2004）；“语用因素结构化、认知化的结果就是大脑中的认知语境”（熊学亮，1996b）等。与传统的语境定义不同，上述定义不再列出各种分离的因素，使得语境是 C1 + C2 + C3…的组合，相反，语境被视为一个不可分割的整体。格式塔的特点还体现在不同程度的输入可以激活认知语境的整个框架。认知语境是记忆中整合的信息块，是节点紧密相连的知识网络。认知语境的格式塔观与科学哲学所强调的认识论的整体论是一致的，它关注语言与现实世界的联系，并根据各种语境因素及其相互关系来考察句子的意义。认知语境的格式塔特征使语境理论“不仅仅具有方法论的意义，同时，它还具有本体的关联性”（郭贵春，1997）。

认知语境中的语境因素具有格式塔的特点，它们不是独立发挥作用，而是相互联系、相互作用，共同作用于意义的识解和建构。此外，格式塔的特征也可以从认知语境的本质上看出来：客观性与主观性的统一。客观性是感知的基础和材料，主观性是实现感知的手段和过程，只有两者融合才能构成认知语境。

此外，格式塔的特征可以从认知语境的结构化形式中看出，如“脚本”“图式”“框架”等。这些结构化形式是百科知识、情景知识在大脑中认知化和内化的结果，它们以整体知识或具有格式塔倾向的信息形式参与认知行为。例如，“学校”概念下的认知语境包括教师、学生、教室、知识等一系列要素。提到“学校”就可以激活概念下的整体框架。

3.3.3 动态性特征

动态性是认知语境区别于传统语境观的最本质特征。认知本身是一种行为，而认知语境作为这种行为的基础，必然是在行为的动态过程中动态建构的，因而具有动态性的特征。上述对认知语境选择性特征的讨论进一步证实了动态性特征。认知语境是基于交际参与者在社会交往过程中的不断选择而构建的。既然选择过程本身是动态的，那么与之相适应的认知语境必然是一个动态的系统。因此，选择性特征实际上是动态特征的表现之一。

此外，关联理论将语篇理解中的关联视为给定，而将语境视为变量，这也揭示了认知语境的动态性。更具体地说，认知语境的建构和扩展过程是动态的。关联理论认为，处理新信息的一个关键步骤是，在演绎装置记忆体中，外部世界实时输入的新信息与头脑中内化的旧信息相互作用，从而激活相关的语境知识，产生认知语境。在交际过程中，理解不同话语所需的相关知识和经验是不同的，因此需要不同的语境知识。演绎装置记忆体中留下的假设，即对先前话语的解释，构成了一个即时给定的语境，在该语境中可以演绎处理下一个新信息项。新输入与旧信息的交互作用产生了新一轮的认知语境，这种循环使交际中的认知语境不断更新、延伸和补充，充分体现了动态性的特征。斯珀伯和威尔逊（2001）认为，初始语境可以向不同的方向扩展：（1）可以通过“回到过去”，添加先前推断过程中使用或推导出的假设；（2）添加已经出现在语境中或加工过的假设中的概念的百科全书条目（或从这些条目中提取的更小的百科全书信息块）；（3）添加即时可观察到的周围环境的信息。上述三种扩展方式都是动态的，反映了未来语境的不确定性甚至不可预测性，也体现了认知语境建构的实时、动态过程。

3.3.4 以人为本的特征

“以人为本”的特征在语言研究的认知意识尚处于朦胧状态时就已初露端倪。乔姆斯基（Chomsky）注意到，作为交际主体的人在特定情境下会有不同的语言表现；格莱斯（Grice，1989）以说话者和听话者为中心研究了非自然意义；莱昂斯在他的《语义学》中以交际参与者为中心，通过介绍六种知识来阐述他的语境观。所有这些研究都突出了语境的“以人为本”特征。事实上，马克思在《1844年经济学哲学手稿》中提出“人化自然”的观点时就指出，“任何一个对象对于我的意义，都以我的感觉所及的程度为限”。1845年，马克思（1962∶30）进一步提出了他关于认知主体的观点，并指出“包括费尔巴哈在内的所有以往唯物主义的主要缺陷是：对事物、现实、感性，只是从客体的直观的形式去解释，而不是把它们当作人的感官活动、当作实践去理解，不是从主观方面去理解”。这些观点表明，语境研究甚至科学研究都应该以人为本。人在语境的形成中起着至关重要的作用，没有人，语境就不可能存在。

认知语境主要从两个方面表现出以人为本的特征。一方面，人们可以操纵语境。上述认知语境的所有关键特征本质上都是以人为中心的。人们在认知语境的建构中作出了选择，人们也整合了语境要素来实现格式塔。另一方面，动态性特征也反映了认知主体与语境之间的互动关系。总之，认知语境区别于传统语境观的所有显著特征都有一个共同点，那就是强调人在交际中对语境建构和意义识解的操纵和控制，这体现了人们的主观能动性。意义识解依赖于人的意志，人是操纵、建构语境和理解意义的主体。人们对语境的操纵也表明，只有进入交际者认知领域的语境因素才能真正影响意义识解。维索尔伦（2000）在“适应性的语境相关成分”的视觉表征中，把发话人和释话人放在焦点位置，并断言，没有他们和他们的大脑功能，就没有语言的使用。此外，他还提出了“视野线”的概念，认为只有发话者和释话者视野线内的语境信息才能构成真正的语境，突出了“以人为本”的特征。关联理论的创始人斯珀伯和威尔逊（2001）也从语言使用者的角度来看待语境与语言使用之间的关联，他们认为语境是外部世界特定信息内化的结果。范·迪克的观点更为极端，他认为“语境就在你头脑里”（context is right in your mind）（熊学亮，1999）。所有这些观点都反复强调了“以人为本”的特征，即认知语境只能通过人的认知来建构。

长期以来，语境研究一直被语境的复杂性所困扰，许多研究人员努力寻找出路。幸运的是，认知语境的“以人为本”特征给我们的语境研究带来了希望：面对如此复杂的语境，人并非无能为力，而是可以发挥主导作用。对上述特征的认识，为语境研究开辟了新的道路。

3.4 认知语境的结构与作用机制

传统的语境研究将语境分为许多要素，并将其视为直接的语境因素。语用推理就是在这些因素的基础上进行的。相比之下，认知语境将语境视为个体对世界知识的集合，是一种心理建构。大脑中的知识或心理建构有其独特的组织形式和作用机制。语境研究的一个重要课题是研究世界知识结构在人的记忆中的组织形式，以及在识解语篇意义的过程中知识结构是如何被激活和检索的。域、图式、脚本、框架和理想化认知模型的提出和讨论是回答上述问题的不同尝试。有研究者（许葵花，2007）将这些概念视为描述认知语境的不同术语，但笔者认为，更准确地说，它们被用来描述认知语境的结构特征。

人们可以从语言形式、特定情境等显性语境中获得意义，也可以从隐性语境知识中获得意义。认知语境的来源应包括外显语境和内隐语境，以及二者相互作用所产生的信息。尽管语言形式和特定情境等显性语境如果不被交际者的认知所识别，仍不能成为认知语境的一部分，但由于它们具体存在，我们对它们的处理和解释是有规律可循的。相反，存在于交际者头脑中的内隐认知语境是无形的，其加工和推导过程完全是大脑暗箱操作。因此，人们对内隐认知语境的探索充满了困难和不确定性。任何解释内隐认知语境的组织形式和作用机制的理论都只是试图尽可能接近人类认知的现实，并不能达到完美，但这种尝试从未停止过。为了更准确地解释如何从语境中获取信息以完成意义识解，也为了解决如何处理众多且无序的语境因素这个悬而未决但至关重要的问题，语言学家、认知科学家和人工智能科学家致力于探索各种方法，以更好地解释如何在语篇内外获得语境信息，以及在意义识解过程中语境信息的组织形式。认知域理论、图式理论、框架理论、脚本理论和理想化认知模型的发展都是这一领域的成果，试图回答这些问题。这些理论概念都有助于描述认知语境的结构，即认知语境存在于人脑中的组织形式。尽管它们之间略有不同，但都是用来描述认知语境的结构特征。泰勒（Taylor，2001：87）曾指出，"这一领域中的术语是有点令人困惑不解的，因为不同的作者可能使用不同的术语（甚至同一作者在不同的出版物中也使用不同的术语）来表示那些似乎是相同的结构体，或者相同的术语又用来指不同的结构体。而且人们并不清楚是否有可能在这一领域作出明确的概念区分"。因此，本研究的重点不是区分它们之间的差异，而是识别这些理论概念所描述的共同特征，更好地理解认知语境及其存在的组织形式。

尽管这些理论概念略有不同，但它们之间存在明显的相关性，并有一些重叠的领域：它们是在重复经验的基础上形成的，是从客观世界中提取出来的，因此具有经验性、原型性和抽象性。例如，"狗"一词可能包含以下信息："狗有四条腿""狗有尾巴""狗没有角"等。这些知识基于人们的生活经验，并已经内化于人类的记忆中。因此，人们不需要刻意记住那么多关于狗的细节，而只需要知道"狗是动物"，其他从生活经验中提取出来的信息自然地隐藏在"狗"这个词之下，一提到"狗"，隐藏的相关信息就会被激活。知识结构是从无数的经验中提取出来的，这些经验知识来自语言语境、情景语境和文化语境。认知语境可以通过刺激人脑的认知机制和激活相关的知识结构来建构。因此，我们可以认为，认知语境的结构形式实际上包括语言语境、情景语境和文化语境。它们是三种语境中语境知识的抽象，更接近人类认知和意义识解过程的现实。

从“狗”这个词能够触发相关信息这一事实出发，我们得到了人类认知和意义识解的另一个规律，即触发效应。某一点信息可以触发更多的相关信息，这也反映了认知语境作为网络的知识结构的特殊存在形式。泰勒（2001：87）将“框架”定义为“连接与给定语言形式相关的多个领域的知识网络”，明斯基（Minsky，1975）认为“框架”是包含多个节点和连接的网络系统，人们可以从中检索信息作为背景知识来理解新的情况和句子。上述两个观点揭示了认知语境作为一个知识网络存在，在意义识解中具有触发作用。触发点可以是一个词、一个特定的语言特征或外部世界中存在的一个特定事实，这些都可以为意义识解提供线索。这一观点与列文森（1986）认为词汇可以触发语境和维索尔伦（2000）认为客观现象可以触发语境的观点一致。触发揭示了一种典型的意义识解手段和人脑的活动机制。在本研究中，笔者将继续探索更多可以作为线索的语言和非语言特征。此外，虽然引入了不同的术语来描述认知语境的存在形式，且每一个术语都强调它反映了认知语境知识的结构特征，但由于研究者揭示的“框架”的触发和网络特征与认知语境线索链模式探索的观点相吻合，在接下来的讨论中，笔者将使用“框架”一词来描述新建构的理论分析模式中激活的内部化、结构化知识。

3.5 语篇语境化意义识解的理论分析框架

基于上述理论思考，本研究将在接下来的讨论中构建一个新的理论分析框架，旨在对商务英语新闻语篇中概念与命题的语境化意义识解过程进行分析探索。

3.5.1 认知语境线索链模式的建构基础

由于阅读是一种特殊的“缺席”交际，因此语篇阅读与面对面交际存在显著差异。在语篇创作中，作者只能在脑海里与想象中的读者进行交流，而读者也通过阅读语篇与作者进行间接交流。与面对面沟通相比，“缺席”沟通中的误解无法得到即时纠正，从而导致更大的风险。因此，作者会尽其所能地运用各种手段来为成功地传达他的意图铺平道路，这意味着他会通过对语篇的布局、词语的选择和句式的建构，刻意地引导读者获得正确的信息，并欣赏其思维的魅力。以上这些反映在语篇中，就是丰富的线索。有的线索是内涵丰富的词语，有的是特殊的表达方式，有的是独特的句法结构，有的是特定体裁的独特篇章结构，它们共同构成了语篇意义的整体框架。在阅读过程中，读者只能通过语篇间接地与作者进行交流，因此准确地识别语境线索并将其应用于语篇意义的推导是成功进行语境化意义识解的关键。

语篇中的语言形式包括词汇、短语、语法结构等，它们都有各自的概念意义。但是，只有语言形式的概念意义不足以进行语篇理解，我们应该利用它们作为触发因素，激活相关的语境信息，让读者进行进一步的推理，最终实现对语篇意义的识解。被激活的语境信息在读者的头脑中以框架、图式或脚本等形式被内化和结构化。一旦结构化知识被激活，它就可以被调用，以促进线索链的形成，从而生成语篇意义。但笔者认为，所有能够激活语境信息的线索，都必须先被读者识别，或者说进入读者的认知视野，才能对意义的推导产生真正的影响，这凸显了读者在意义识解中的主动性和积极作用。读者不是被动地接受语言信息，而是主动地寻找线索，从而获得语境知识来识解意义。因此，本研究主要侧重描述和逐步分析读者在阅读实践中寻找语境线索，进而通过激活知识框架和运用推理机制来获得语篇语境化意义的操作过程。

对于语境线索的识别和关系分析，传统语境理论缺乏深入的研究，无法为实际操作提供实践指导，未能进一步发展成一套较为完整的理论体系，对语境化意义识解进行描述性和分析性研究。因此，读者仍然难以有效地感知和把握语境建构的具体运作机制。为了弥补传统语境理论的不足，曾利沙（2002）指出，意义给定行为必然具有潜在的操作理据。文本的意义生成必然经历一种主、客观互动的合力作用。所谓“客观”性是指潜在的意义生成参数的客观存在，而“主观”性则体现在读者对诸种潜在的意义生成参数数量上的多与少的感知与认定行为，对参数之间具有何种关联性的判断以及带有读者个体特征的推理与论证形式。曾利沙（2002，2005，2007，2010，2011）发展了语境参数理论，他认为语境是由 N 个参数构成的集合，表征为：$Cnt = \sum \{P1, P2, P3, P4, P5, \cdots, Pn\}$。受语境影响而发生语义嬗变的概念或命题是自变元，而影响自变元的诸种语境参数是因变元，自变元与因变元之间是参数或函数关系，参数之间是多维互参或映射或制约关系。他拓展了常规与非常规参数两大范畴，前者包括主题、段旨、意图、参与主体、行为方式、目的、时间、处所、环境、事件、规模、性质、特征、评价、属－种关系、上下义关系、整体部分关系、对比关系、因果关系、远距照应等；后者是根据参数关系通过认知关联性判断而临时构建的，具有随机性特点，或是特定社会文化语境参数的集合。参数设定一方面体现文本语符之间潜在联系或各种言外相关知识对文本的制约性，另一方面体现为对文本连贯机制进行识解的心理表征，使其具有可经验性。参数系统是一个开放的系统，可以根据具体的语境进行扩展。语境参数理论将语境具体对象化为一些特定的、相关的参数，并遵循其运作机制及操作理据进行推理论证。

根据语境参数理论，语篇意义的生成受构成语境的各种参数的控制。没有语境参数就不可能正确地把握语篇意义，因为语境参数在语篇意义的制约和推导中起着不可替代的作用。没有语境参数，语篇意义的生成就变得不可靠、不确定，甚至难以捉摸，因为"当一个语词或概念进入特定的语篇而发生意义嬗变或具有'意向义'特征时，必定和上下文语境中某些特定的语词或概念发生内在的认知关联性，其语境化意义的生成必定受制于这些特定语词或概念——参数因子，参数因子则以不同方式将自己的语义特征或关系特征映射给特定的语词或概念，从而形成带有当下语境化特征的概念语义"(曾利沙，2007)。语境参数涉及语篇内外的各种潜在因素，因此语篇意义是在这些参数的共同作用下进行识解的。

受语境参数理论的启发，本研究建立了认知语境线索链模式，服务于语篇语境化意义识解，解决商务英语新闻语篇阅读中出现的各种语境化意义识解难点问题。这一新发展的模式是一种阐释语篇语境化意义识解全过程的理论尝试，它直观地展示了读者在这一过程中的思维轨迹和操作理据。

3.5.2 语境线索的定义

语篇是由一连串的线索构成的连贯而完整的实体。链上的每个节点都是一个触发点，触发与之相连的知识框架。相应的知识框架和语篇之外的一些事实通过读者的认知与语篇相互作用，生成语篇的语境化意义。当然，在阅读实践中，语篇只是由一系列语言形式的线索构成的，如单词、短语、程式化表达，等等。这些语言形式有自己的概念意义，但只有语言形式的概念意义不足以理解语篇，我们应该利用它们作为触发因素，激活相关的语境信息，以便读者进一步推理，最终实现语篇意义的识解。被激活的语境信息在读者的头脑中以框架、图式或脚本等形式被内化、认知化和结构化。一旦结构化的知识被激活，它就可以被调取出来，以促进线索链的形成，从而生成语篇意义。

然而，在认知语境线索链模式中，所有能够激活语境信息的线索，无论是语篇中以语言形式呈现的线索，还是语篇外以客观事实形式存在的线索，都必须先被读者识别，或者说进入读者的认知视野，才能对意义的推导产生真正的影响，这凸显了读者在意义识解中的主动和积极作用。读者不是被动地接受语言信息，而是主动地寻找线索，从而获得语境知识来识解意义。

综上所述，本研究将客观和静态的语境具体对象化为具有意义触发功能的语境线索，重点研究读者如何识别语篇内外的语境线索，激活知识框架，并运用认知推理机制完成语境化意义的识解。本研究认为，发挥线索的作用并不是语篇内外语境因素的“自发内在”功能，而是需要通过读者的认知实践来识别和调用它们，从而发挥线索的作用。因此，笔者在本研究中提出“认知语境线索”的概念，并将其定义为：被读者识别或调用的任何能引导语境化假设的语言形式特征或言外的可知事实。

3.5.3 认知语境线索链模式的意义识解机制

对意义识解过程的描述从来都不是简单的，因为它完全是大脑“暗箱操作”。语境化意义识解的结果是多样的，这种多样性不仅源于语言本身的模糊性，还与不同读者的个性化认知能力有关。本研究建构了认知语境线索链模式的理论分析框架，以进一步阐明语境化意义识解过程中所采取的必要步骤，并把握其背后的规律。认知语境线索链模式意义识解机制的视觉表征如图 3-3 所示。

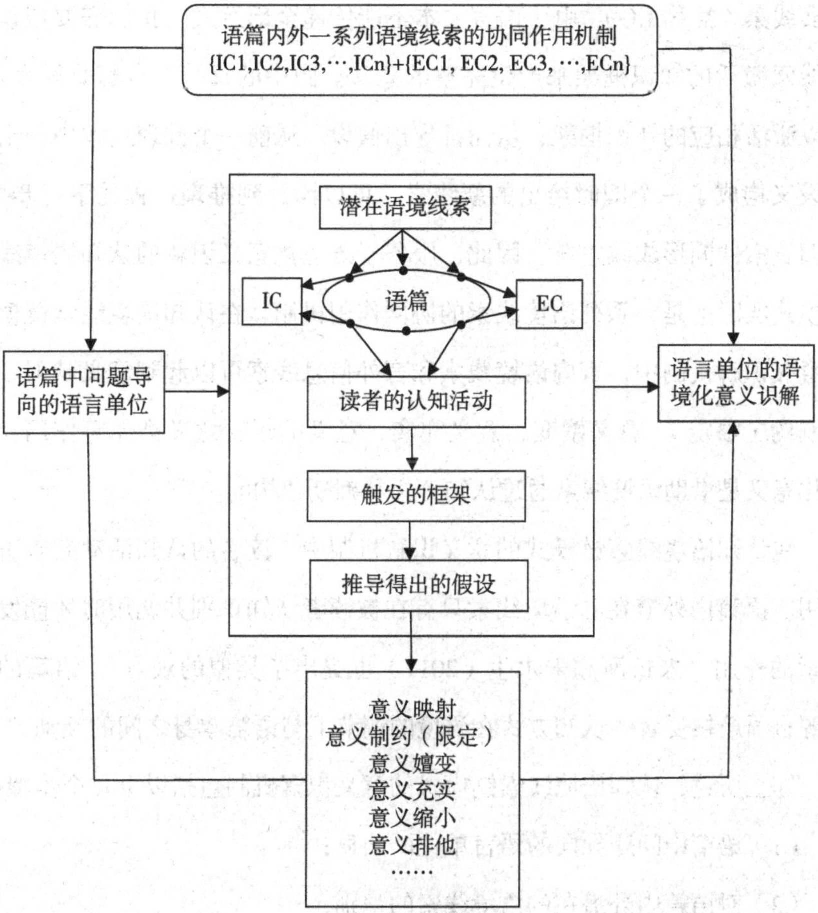

图 3-3　认知语境线索链模式的意义识解机制

语篇中存在以问题为导向的语言单位，这些语言单位不能从字面上理解，因为字面含义仍然无法解释得通，也远不能被清楚地理解。语篇中问题导向的语言单位的语境化意义识解是本研究的研究目标和有待解决的问题。

图中椭圆代表一篇完整的、意义清晰连贯的语篇，椭圆边缘上的点代表语篇内部的语言形式语境线索（简称 IC）和外部被称为共享信息的可知事实线索（简称 EC）。由于语言文本不能传递全部意义，我们需要依靠语境线索激活的知识框架来产生完整的意义。圆中的每一个点都是触发点，可以激活相应的知识框架，从而推导出假设。从前一个推理过程中得出的假设又构成了一个即时给出的新线索，可以添加到推理过程的下一步中，新旧线索共同形成线索链。因此，服务于语境化意义识解的认知语境线索链模式实际上是一系列语境线索的协同作用机制。在认知语境线索链模式的意义识解机制中，言内语境线索和言外信息线索可以起到意义映射、意义制约（限定）、意义嬗变、意义充实、意义缩小、意义排他等作用，语境化意义是借助语境线索通过认知分析和判断建构的。

在认知语境线索链模式的意义识解机制中，读者的认知活动起着重要作用。语篇内外潜在的语境线索只有在被读者认知识别并调用时才能发挥线索的作用。朱长河和朱永生（2011）也提出了类似的观点："语篇的意义源自语篇接受者的认知方式在语境的调节下与语篇本身之间的互动。"

综上所述，认知语境线索链模式的意义识解机制包括以下几个步骤：

（1）语篇中问题导向的语言单位的凸显；

（2）对语篇内外潜在的语境线索的识别；

（3）激活相应的知识框架，由此推导得出假设；

（4）基于推理机制建构语境线索链来识解语境化意义。

此外，认知语境线索链模式的意义识解机制还强调了以下两点：

（1）语篇内外都存在潜在的语境线索。读者需要识别潜在的语境线索，从而激活相关的知识框架。知识框架本质上是读者对世界的认知，读者必须依靠调用储存在头脑中的知识和建构语境线索链来获得语境化意义；

（2）从语境线索的识别、知识框架的激活到假设的推导，自始至终都体现了读者的主导地位。因此，认知语境线索链模式强调了读者在语境化意义识解中的主观能动性和积极作用。

3.5.4 认知语境线索链模式的特征

3.5.4.1 开放性特征

维索尔伦（2000：109）曾指出："在范围几乎是无限的种种可能性中，语境是由某种动态过程创造出来的，是由发话人和释话人之间的、与'客观外在'（或被认为是客观存在）的现实相联系的互动的动态过程创造出来的。这样说来，相关的语境是有边界的，即使这些边界不稳定，而且还具有永久的协商性。这里所面临的挑战是在语言使用的具体实例中找出这些边界，而不是把根据某一事先构想出来的理论模式所划出的边界强加给语境。"这一观点为认知语境线索链模式的建构提供了启发和动力。在该模式中，语境不是一个单一的因素，而是由一系列因素组成的线索链，线索链的形成过程也是语篇意义的推导过程。语篇的动态发展决定了语境线索的动态性质，因此不可能对语境的组成部分施加边界。事实上，语境线索是在语篇的发展过程中不断动态建构和调整的。语篇的动态发展决定了用于描述阅读理解中意义识解过程的认知语境线索链模式必然具有开放性和包容性的特征。开放性的特征并不意味着语境应该包含无限范围的百科全书式知识或世界知识，相反，它意味着语境中的因素不是预先给定的或预先设想的，语境是在阅读实践过程中通过不断接受新信息作为语境线索的共同作用动态建构的。语境是开放的，可以进行调整和修改，并根据即时阅读理解的需要不断更新。开放性特征对应了曾利沙（2011：7）在语境参数论中对非常规参数范畴的描述："根据参数关系通过认知关联性判断而临时构建的，具有随机性特点"，也印证了维索尔伦（2000：12）的语境理论：“尽管潜在相关现象的范围显然是无限的，‘语境’并不是一个模糊的概念，因为语境本身是生成的（针对语言使用的特定实例，从无限可能性中做出的选择），而且这个生成过程可以从语言学上追溯到。”我们从无限可能的范围中进行选择的前提是对语境线索的普遍考量，并在此基础上进行科学筛选，从而建构具有现实意义的认知语境。

3.5.4.2 主观能动性特征

认知语境线索链模式充分强调了读者的主观能动性。该模式指出了整个意义生成过程中的三个主要因素：语境线索、读者和知识框架，其中读者起主导作用，因为意义的识解最终是由读者完成的。任何语境因素在成为语境的一部分之前，都必须先被读者识别出来，同时，读者也在主动建构认知语境。在阅读过程中存在许多潜在的语境因素，但关键在于读者通过自己的认知对这些因素进行识别。只有进入读者“视野线”的因素才能成为语境的组成部分，对意义识解产生影响，即任何语境因素都必须被读者的认知识别而成为认知语境的组成部分。这一观点与曾利沙（2002）在“语境”概念基础上构造提升并拓展出的“操作视域”与“参数因子”两大概念范畴相一致：“域”实质上是指对象——文本内、外语境中主体的所视之“域”，或者说“语境”是由许许多多潜在的可能对操作单位在文本中的意义生成产生制约的“参数因子”组成，并存在于读者内视域与外视域的一个无限充盈的整体对象。“视”是读者的一种精神或思维上的“观”，读者的感知、感受、想象、直观、本质直观、判断等意识行为都具有自己的所“视”之“域”。可见，“视域”是一个将主体动态性的“观”的思维形式与具体对象化了的客体静态的语境之“域”的描写相结合的概念，它更能说明客体作用于主体，而主体则能动地反映客体的互动性原理。换句话说，只有进入读者认知领域的潜在语境因素才能被视为影响阅读理解的语境相关要素。读者在该模式中的中心作用和主观能动性也反映了斯珀伯和威尔逊（2001）在关联理论中的认知观点，认为语境是内在的心理建构。关联理论从语言使用者的角度研究语境，不同于传统语境研究将语境视为外部现实或客观存在的观点。关联理论认为语境是外部信息在交际者心理上的内化，是一种心理建构。交际中的认知语境是交际者为适应当前特定的交际而建构的。认知语境的建构是根据需要从一系列显性事实或假设中选择相关元素，这些元素可以被认为是交际者对世界的许多假设中衍生出的知识子集。根据这一观点，交际者能够有意识地控制语境的建构，语境是在交际者的主观能动性下形成的。在本研究建构的认知语境线索链模式中，语境线索的触发功能实际上是对读者记忆中内化的信息或知识进行激活，被激活的信息建构了当前阅读理解所需的即时认知语境，从而帮助完成意义识解。

3.5.4.3 互动性特征

上述所确认的读者的主导作用和主观能动性，并不意味着否认语境对读者认知和意义识解的影响和制约。该模式所反映的关系是语境线索、读者认知和内化知识结构之间的互动关系。语境因素作用于个体读者，但读者的认知特征（如认知能力、特色等）导致了对这些因素的不同消化程度。曾利沙（2002）也指出，语篇的意义生成是客观性和主观性共同作用的结果：潜在意义生成参数的客观存在，行为主体对潜在参数的数量和类型的感知和认定，对参数之间具有何种关联性的判断，以及带有读者个体特征的推理与论证形式。在对翻译中的艺术创造性和客观制约性的研究中，曾利沙（2006）进一步提出，主体操作理据中透出的思维特征是有“迹”可循的，其艺术创造性必定受到文本内在的关联性规约，是一种主－客体互动基础上的艺术创造性。总之，读者对语篇意义的识解应该是主观解读和客观制约因素共同作用的结果。

3.5.5 认知语境线索链模式的功能

3.5.5.1 引导意义的功能

在交际中，“意义完全外显的不可能性”（Verschueren，2000：26）使得有必要采用某种手段来补充话语表征下的隐藏信息。熊学亮（1996a）也指出：“我们不妨把语言所要表达的真实世界比做1，而用来描述真实世界的语言的量总是小于这个1的，然而该部分语言的交际能力又可以等于1，原因是差额部分可以通过人的认知干预补足，而须补足的部分就是那部分语言的信息超载部分。”认知语境的信息是以知识框架的形式呈现的，在阅读过程中，我们应该在获得语境知识之前有效地激活知识框架，从而实现成功的意义识解。知识框架的激活必须依赖于语境线索的引导。

3.5.5.2 建构语篇连贯的功能

自韩礼德和韩茹凯（Halliday & Hasan，1976）的《英语的衔接》（*Cohesion in English*）一书出版后，语篇连贯的研究成为一个热门话题。但韩礼德在实现语篇连贯的过程中主要关注语言形式的衔接，因此强调实际单词之间形成的衔接关系。这遭到了其他语言学家的挑战，他们随后不断完善和发展语篇连贯理论。其中一种代表性观点是：衔接是一个语义概念（Van Dijk，1977；张德禄，2000），这意味着对语篇连贯的研究不应仅仅停留在语言形式层面，因为它不是实现语篇连贯的充分必要条件。我们认为，语境线索有助于语篇连贯性的建构，并能很好地解释这一过程。语篇中除了用语言形式上的线索来建构语篇结构上的连贯之外，还借助这些线索激活的框架知识以及一些非语言语境因素和客观环境中的事实等线索来达成意义上的连贯。语境线索如同铺开的意义之网，网上的节点具有意义触发点的功能，通过它们可以激活内隐的语境知识框架，调用所需的知识，使语篇的整体性和连贯性得以实现。

3.5.5.3　限制意义的功能

语篇的字面意义通常是不完整的，也不必是完整的，因为我们可以从语境中获得支持，补充未说的意义，以获得完整的信息。如前所述，语境建构的基本方式是激活知识框架。借助语境线索，可以触发隐藏在背后的知识框架，获得特定的知识作为意义识解的基础。我们可以用识解下面这句话中“statistics”一词的含义作为一个例子“After their interview, he compared not their experience but their statistics”。字典中对“statistics”有几种定义：a. 表示事实或测量结果的一组数字；b. 收集和检验这些数字的科学。为了选择能够与语篇主题实现最佳关联的正确选项，我们需要对不合适的选项进行限制和排除，以突出最适合当前语境的选项。根据句子中的语境线索“interview”，我们可以触发一个情景框架：面试官在面试中询问应聘者的工作经验。假设应聘者之前的职位是某品牌彩电销售的销售经理，那么面试官可能会问在过去的一个月 / 季度 / 年里他卖出了多少台电视机。通过在大脑中搜索相关的概念框架，并激活与框架密切相关的组件，我们可以确定“statistics”的确切含义为“工作绩效”，这是衡量一个工人在工作中产出的结果。我们将排除“不适当”选项的限制机制归因于语境线索的操纵，这只是其典型功能之一。关联理论中的“明示刺激讯号”概念对我们在意义建构过程中准确选择意义有很大的启示。在交际话语中，“明示刺激讯号”常常作为信息接收者进行推理以获得准确信息的基础。然而，在实际操作中，“明示刺激讯号”还不够具体，信息接收者难以有效感知和把握具体的操作机制。“语境线索”概念的引入及其运作机制的示范性特征在一定程度上弥补了关联理论中“明示刺激讯号”的不足。排除不恰当意义的约束机制进一步增强了认知语境线索链模式在语境化意义识解中的有效性。

3.5.6 超越其他认知理论的优势

认知理论包括域、图式、框架、脚本和理想化认知模型等，它们都揭示了认知语境作为一种心理建构存在于人脑中的形式和结构。对存在形式的发现和研究，化解了传统语境研究中语境因素的混乱状态，为意义识解问题提供了一种新的解释方式，是认知科学对语言研究的重大贡献，也是从传统语境到认知语境的一大进步。认知语境结构特征和存在形式的揭示为意义识解机制奠定了基础。

然而，我们也应该意识到，脚本、框架、图式等只是概念化和经验的产物。面对生动活泼的交际实践，仅仅依靠它们所代表的内容是不足以充分有效地理解交际中的意义的。因此，有必要借助人的认知能力，不断建构和拓展认知语境。明斯基（1975）指出，“记忆框架应在必要时改变细节，以适应当前的情况”。细节的变化是认知语境形式的修正。

相比之下，认知语境线索链模式突出了读者在语境化意义识解中的自觉主动性和积极作用。从对语境线索的感知和识别、知识框架的激活到意义的推导，自始至终都体现了读者及其认知能力的主导地位。因此，他们可以主动寻找意义识解的线索，而不是被动地接受信息。

此外，基于认知语境线索链模式的认知语境建构是动态的、可修改的。语篇的动态发展决定了语境线索的动态性质，因此不可能对语境的组成部分施加边界。事实上，语境线索是在语篇的发展过程中不断被感知、识别和调整的。语境是在阅读实践过程中通过不断接受新信息作为语境线索的合力动态建构的。语境是开放的，可以进行调整和修改，并根据即时阅读理解的需要不断更新。根据认知语境线索链模式的意义识解机制，认知语境的建构是新输入的信息与已有的旧信息，即读者头脑中内化的、结构化的信息相互作用的结果。前一过程推导出的假设加入了后一轮的认知活动，也就是说，推导出的假设以工作记忆的形式储存在读者的头脑中，作为新一轮推理过程的基础。由于读者头脑中的结构化认知语境是以事物的典型特征为基础，对反复出现的事件的特征进行抽象，其与真实事件之间存在一定的距离。因此，在实际的阅读实践中，所建构的认知语境应该随着新信息的输入而得到不断的修正。

3.5.7 相关理论的继承与发展

认知语境线索链模式的建构并非空中楼阁，而是得益于前人许多研究成果的启发，是对许多有影响力的理论和观点的继承和融合。本研究致力于整合利用相关理论的优势，并试图弥补这些理论的不足，旨在从更具示范性和可印证性的角度考察语境对语境化意义识解的影响，并试图对此大脑“暗箱操作”的过程进行可视化描述。

首先，随着语言学的发展，许多语言学家意识到他们研究的几乎所有问题都与语境有关。在从语义学、语用学到认知语言学的发展历程中，语境是一个在这些领域都有不同程度干预的因素，或者当学者们在这些领域的研究中遇到障碍时，语境就会受到关注。传统的语言研究更多地关注有形的语言结构，而非无形的语境，但这种研究范式所遇到的困难最终在语境的帮助下得到了缓解。语境经历了语义学、语用学和认知语言学的发展，从“内向”（语言基本上被视为一个自足的实体，可以与其环境相分离，孤立地来分析）逐渐转变为“内外结合”（将语境与语言有机地联系起来，揭示了语境与语言之间相互影响、相互制约、互为前提的对立统一关系)，最后转变为“以人为本”(各种语境因素中，人是决定性的因素，人的主动性与能动性决定了语境的动态变化)(许力生，2006)。本研究提出认知语境线索链模式是对上述发现和观点的继承。在这一模式中，语境建构和意义推导中的“以读者为中心”的观点继承了认知语言学的最新研究成果。

其次，该模式的开放性决定了语境不是给定的或预先确定的，而是在阅读实践过程中不断建构的。这种“开放性”并不意味着语境是包罗万象的，涵盖了“百科全书知识”和“世界知识”的无限范围，而是指语境所涉及的因素不是预先给定的、固定的。在语境建构的过程中，不断接收新的语境信息，并将其添加到推理过程的下一步。因此，语境是在这种不断扩展中动态建构的。开放性的特征使认知语境能够实时更新，以满足即时意义识解的需要。该特征反映了维索尔伦(2000:12)所代表的观点：“尽管潜在相关现象的范围显然是无限的，‘语境’并不是一个模糊的概念，因为语境本身是生成的(针对语言使用的特定实例，从无限可能性中做出的选择)，而且这个生成过程可以从语言学上追溯到。”从无限可能性中作出选择的前提，是首先对不同层次的语境因素进行全面或综合的考虑，然后在此基础上进行现实的、科学的识别，从而建构出在实际阅读理解中具有现实意义的认知语境。因此，在认知语境线索链模式中，语境化意义识解过程中所涉及的语境线索的“开放性”就是对这一观点的继承。

最后，读者在认知模式中的中心作用和主观能动性也反映了斯珀伯和威尔逊(2001)在关联理论中的认知观，即将语境视为内在的心理建构。关联理论从语言使用者的角度来考察语境，这与传统语境研究将语境视为外部现实或客观存在的观点不同。关联理论将语境视为交际者头脑中外部信息的内在化，是一种心理建构。交际中的认知语境是交际者为适应当前特定的交际而建构的。认知语境的建构是根据需要从一系列显性事实或假设中选择相关要素，这些要素可以被认为是交际者对世界的许多假设中衍生出的知识子集。根据这一观点，交际者能够有意识地控制语境的建构，语境是在交际者的主观能动性下形成的。认知语境线索链模式充分体现了读者在语境建构中的中心地位和积极作用。语境线索，无论是语篇中的语言形式，还是语篇之外的已知事实，都必须先被读者的认知感知到，才能触发相应的语境知识。语境线索的触发功能实际上是对读者记忆中演绎装置的信息或知识的激活。激活的信息建构了实时阅读理解所需的即时认知语境，以帮助完成意义识解。读者在语境建构中的中心作用的观点是对斯珀伯和威尔逊关联理论中“语境是一种心理建构”的继承。然而，关联理论并没有详细解释意义识解过程中语境建构的思维轨迹和操作理据。曾利沙（2002）指出，意义给定行为必然具有潜在的操作理据。受曾利沙语境参数理论的启发，本研究建立的认知语境线索链模式将语篇内外潜在的语境因素具象化为具体、相关的线索，并根据意义识解过程中的运作机制进行推理论证，在一定程度上弥补了关联理论的不足。

3.6 总结

本章介绍了本研究的理论思考和理论框架：重新定义认知语境，分析认知语境的特征，分析认知语境的结构和作用机制，建构认知语境线索链模式。下一章将探讨商务英语新闻语篇在语境化意义识解过程中涉及认知操作的几个突出特征。

4. 商务英语新闻语篇中涉及语境化意义识解的突出语言特征

4.1 引言

根据本研究对认知语境的重新定义，语篇也被视为认知语境的一部分，因为语篇中存在语境化意义识解的难点问题，需要读者在意义识解过程中进行认知操作。本章探讨了商务英语新闻语篇在语境化意义识解过程中涉及认知操作的三个突出语言特征，旨在界定和概括问题导向的语言单位的特定属性，揭示语境化意义识解过程中需要涉及的认知因素和认知操作程序。

4.2 商务英语新闻语篇中的认知隐喻

隐喻是通过与其他事物进行比较来帮助解释某一情况的生动文字描述。一个常规隐喻包含本体和喻体。本体是赋予属性的主体，喻体是衍生属性的主体。它们大致等同于概念隐喻理论中的目标域和源始域的概念。隐喻也可以理解为从源始域到目标域的映射。隐喻建立在相似和联想的基础上：当我们看到以前不知道的东西时，我们会自发地把它与我们已经熟悉的概念或物体联系起来，并试图找到两者之间的相似之处。当联想发生时，隐喻就发生了。

进入20世纪，隐喻研究对隐喻提出了新的定义。莱考夫和约翰逊（Lakoff & Johnson，1980：4）定义“隐喻的原理是通过另一种事物来理解和体验一种事物”，并认为隐喻不仅是一种语言现象，也是一种认知现象。根据莱考夫和约翰逊（1980）以及莱考夫后期的研究（1990），隐喻是一个认知过程，是人们在更具体的领域的经验基础上对更抽象领域的知识的思考方式。人们使用某些隐喻是因为他们体验到两个知识领域之间的相关性。他们指出，由隐喻联系起来的概念域不一定是相似的，它们通常具有相关的结构。正如科维西斯（Köveces，2010：82）所言，“有些隐喻不是基于相似性，而是产生相似性”。这意味着隐喻是涵括两个不同过程的覆盖词。我们用隐喻来联系相似性，也用隐喻来建构相似性。因此，隐喻不再仅仅是一个语言问题，而是一个基于人类经验进行推理和思考的认知过程。

隐喻作为一种认知和思维手段，在商务英语中自然而必然地大量存在。在商业领域中使用隐喻可以带来积极而富有成效的结果。通过使用隐喻，信息发送者可以将想法或物品放入容器中，然后沿着一条通道将它们发送给接收者，接收者将想法或物品从容器中取出并赋予其意义。换句话说，隐喻是指借助一些已知的、熟悉的知识来了解一个抽象的或不熟悉的领域。正如上文所述，隐喻不仅具有文体上的意义，还具有认知上的重要性。莱考夫和约翰逊（1980）认为，隐喻在日常生活中无处不在，不仅存在于语言中，也存在于思想和行为中，人类思想和行为的概念系统是以隐喻为基础的。因此，商务英语新闻语篇中的隐喻性表达涉及语境化意义的认知识解。

4.2.1 体验导向的隐喻

体验哲学是认知隐喻的哲学基础，莱考夫和约翰逊（1999）将体验哲学概括为三个基本原则：心智的体验性、认知的无意识性、思维的隐喻性。其中，心智的体验性是体验哲学的核心。心智的体验性的观点认为，我们的概念、范畴、推理和心智并不是外部现实客观的、镜像的反映，而是由我们的身体经验形成的。人体就像一个天然的、高度精确和灵敏的神经传感器，通过人脑和心理空间的复杂运动来理解人体获得的具体经验和信息，并最终形成一个概念。因此，认知的源泉来自人们在现实生活中的各种体验。莱考夫和约翰逊（1999）强调概念是通过体验，特别是通过感知和肌肉运动能力而得到的。经验是抽象概念形成的物质基础。概念隐喻之所以具有普遍性，是因为人们所处的外部环境是相似的，身体和大脑的结构和功能基本相同。

以下是商务英语新闻语篇中体验导向隐喻的实例分析，主要揭示体验导向隐喻语境化意义识解过程中所涉及的认知因素和认知操作。

【1】

Jury says Samsung, Apple both infringed patents

A California jury awarded Apple $119.46 million—far less than it demanded—in a patent battle with Samsung over alleged copying of smart phone features, and the jury made the victory even smaller by finding that Apple illegally used one of Samsung's patents.

The verdict was a far cry from the $2.2 billion Apple sought and the $930 million it won in a separate 2012 trial making similar patent infringement claims against older Samsung products, most of which are no longer for sale in the United States.

The jury found that Apple had infringed one of Samsung's patents in creating the iPhone 4 and 5. Jurors awarded Samsung $158,400, trimming that amount from the original $119.62 million verdict. Samsung had sought $6 million.

"Though this verdict is large by normal standards, it is hard to view this outcome as much of a victory for Apple," Santa Clara University law professor Brian Love said. "This amount is less than 10 percent of the amount Apple requested and probably doesn't surpass by too much the amount Apple spent litigating this case."

...

Unlike the first trial in San Jose federal court in 2012, Samsung lawyers made Google a central focus of their defense. Google makes the Android software that Samsung and other smartphone manufacturers use as their operating systems. Samsung argued that Google was Apple's real target.

More than 70 percent of smartphones run on Android, a mobile operating system that Google Inc. has given out for free to Samsung and other phone makers

Both companies will now try to urge the judge to remove the others products from store shelves in the United State. Love and other experts say that neither company is expected to succeed with those demands.

"So far Apple has been unsuccessful at doing so and, without a sales ban, this case is unlikely to *move the needle* on the larger battle between Apple and Android," Love said.

(*The Economist*, May 3rd, 2014)

问题识别：理解难点源于“this case is unlikely to *move the needle* on the larger battle between Apple and Android”，这句话不能解释为“本案不太可能在苹果和安卓之间的更大战役中‘推动指针’”，因为所解释的含义仍然无法说得通，也远不能被清楚地理解。在此例中，“*move the needle*”是一个体验导向的认知隐喻，会导致理解困难。从源始域“*move the needle*”可以获得什么样的普遍经验？目标域是什么？两者之间的相似性或相关结构是什么？仅凭纯粹的语言知识或一般阅读理解的经验，很难回答上述问题。应激活经验框架，运用认知推理过程，构建相似性，从而识解“*move the needle*”的语境化意义。更具体地说，只有通过在语言语篇中建立一系列言内语境线索和言外信息线索，即与苹果和安卓之争相关的共享信息，才能识解“*move the needle*”的语境化意义。其语境化意义识解模型的建构描述如下：

Contextualized meaning of *move the needle*=?	⇐ Σ {IC1，IC2，IC3，…，IC-n} + {EC1，EC2，EC3，…，EC-n}

在认知语境线索链模式的意义识解机制中，IC 和 EC 可以起到意义映射、意义制约（限定）、意义嬗变、意义充实、意义缩小、意义排他等作用。例如，“move”的概念有词典中所给予的词汇意义，如“（1）从一处移往另一处；（2）强调某种起促动作用的动因、外界影响或内在动机”。但在语境线索的帮助下，通过认知分析和判断，词典义被排除在外，新的可理解的、可接受的语境化意义生成。

【2】

Auto sector gets a shot in the arm

Sales tax on vehicles with engines of less than 1.6 liters will be halved and exchange of old vehicles for new ones with smaller engines subsidized to boost the auto industry.

A total of 5 billion yuan ($731.45 million) will be set aside for the subsidy to be given to farmers. And sales tax will be cut from 10 percent to 5 percent from Jan 20.

The stimulus package for the country's auto industry, the third largest in the world, was announced by the State Council yesterday after its sales growth fell to a 10-year-low of 6.7 percent last year.

The package is expected to boost the steel industry and designed to promote fuel-efficient and low-emission vehicles, too.

"In order to adjust and revive the auto sector, we must implement a proactive consumption policy to stabilize and boost auto demand," the State Council said.

"Any unreasonable rules" hampering auto sales would be removed in order to spur demand.

The government said it would support the alternative-energy vehicle sector by promoting the mass production of electric-powered cars in big and medium cities.

In the next three years, the government will provide 10 billion yuan ($1.5 billion) to automakers to help upgrade their technology and develop alternative energy vehicles.

The move, likely to benefit more than 80 auto- and steel-related firms in Shanghai and Shenzhen, is part of a series of industry specific policies to stimulate the economy.

The government is expected to release supportive polices for eight other industries, including shipbuilding, petrochemicals and textiles, in the next few days.

Analysts said the package announced yesterday would help the two pillars of the national economy immensely. "The wide-ranging supportive measures will certainly give the auto industry ***a shot in the arm***," said Jia Xinguang, a Beijing-based auto analyst.

(*China Daily*, January 15, 2009)

问题识别：理解难点源于"The wide-ranging supportive measures will certainly give the auto industry ***a shot in the arm***"，这句话不能解释为"广泛的扶持措施肯定会给汽车行业'注射一剂药'"，因为所解释的含义仍然无法说得通，也远不能被清楚地理解。只有通过在语言语篇中建立一系列 IC 和 EC，即中国汽车行业所面临的衰退状况等相关的共享信息，才能识解"***a shot in the arm***"的语境化意义。

"shot"的概念有词典中所给予的词汇意义，如"（1）开枪；（2）注射药物"。但在语境线索的帮助下，通过认知分析和判断，词典义被排除在外，新的可理解的、可接受的语境化意义生成。

【3】

Thank you for the May 13 cover story, "The market's message." Certainly the saddest statistic has to be the 22 percent of Americans who exited the market near the bottom, 87 percent of whom are still in cash today with the stock market hitting record highs — which brings me to your article's focus: Is it a good time to enter the market?

The answer to the question of when the market is at a peak is this: The market peaks when individual investors capitulate and put their money, with zeal, into equities. As a 35-year investment professional it always disturbs me that equity mutual fund inflows (a measure of small investor activity) peak near the time the market does and, conversely, redemptions peak near market bottoms (i.e., buying high and selling low) — defining tragic performance for the small investor time and again.

The remedy is in becoming a true investor — a concept that seems lost today with high-frequency trading, the proliferation of derivatives and options, leveraged and deleveraged exchange-traded funds, and short-long strategies, to name a few. The small investor is led down the *garden path* of attempting to grow rich from a mix of potent investment vehicles and propitious timing. It doesn't work that way.

Families build wealth through disciplined, consistent saving and investing. The billionaire investor Warren Buffett gives us three famous quotes on this subject. "Our favorite holding period is forever." "Look at market fluctuations as your friend rather than your enemy; profit from folly rather than participate in it." "We believe that according the name 'investors' to institutions that trade actively is like calling someone who repeatedly engages in one-night stands a 'romantic.'"

(Readers Write: Most Americans should be investors, not traders, by Paul H. Collins, CSMonitor.com, June 17, 2013.)

问题识别： 理解难点源于"The small investor is led down the *garden path*"，这句话不能解释为"小股民们被引导到花园里一条蜿蜒曲折的小路上”，因为所解释的含义仍然无法说得通，也远不能被清楚地理解。在此例中，“*garden path*”是一个认知隐喻，会导致理解困难。只有通过在语言语篇中建立一系列IC和EC，即小股民们因为过度使用杠杆工具而损失惨重的悲惨经历等相关共享信息，才能识解“*garden path*”的语境化意义。

“garden path”的概念有词典中所给予的语汇意义：“花园中一条蜿蜒曲折的小径。”但在语境线索的帮助下，通过认知分析和判断，词典义被排除在外，新的可理解的、可接受的语境化意义生成。

【4】

Fulfilling a campaign pledge to tap Silicon Valley innovation to combat global warming, Energy Secretary Steven Chu announced Monday at Google's headquarters the first federal grants for high-risk, high-reward clean-tech ventures— including revolutionary technologies like using bacteria to create gasoline.

"We are trying to hit home runs, not base hits," Chu said. "These are *out-of-the-box* approaches."

The administration's initiative drew cheers from the valley's clean-technology community, which sees federal funding playing a critical role in getting basic research off the ground, paving the way for entrepreneurs and venture capitalists to take those ideas and turn them into multibillion-dollar companies.

"This is going toward more fundamental, early-stage research — something venture capitalists may not be interested in," said Herman Lopez, director of materials development at Hayward-based Envia Systems, which garnered a $4 million grant for its work to create high-density lithium-ion batteries for hybrid vehicles, electric cars and electronic gadgets.

Chu made his announcement at the Googleplex in Mountain View, signaling that the Obama administration is looking to duplicate with clean tech the kind of convention-breaking ideas Silicon Valley—and the innovative search engine company — is known for in other areas of technology.

（At Google, Chu announces grants for ‘out-of-the-box’ global warming projects, MercuryNews.com, October 26, 2009.）

问题识别：理解难点源于“These are *out-of-the-box* approaches”，这句话不能解释为“这些是容器之外的方法”，因为所解释的含义仍然无法说得通，也远不能被清楚地理解。在此例中，“*out-of-the-box*”是一个认知隐喻，会导致理解困难。只有通过在语言语篇中建立一系列IC和EC，即对抗全球变暖需要革命性的技术和打破常规的思维方式等相关共享信息，才能识解“*out-of-the-box*”的语境化意义。

“box”的概念有词典中所给予的词汇意义：“可盛放物体的容器。”但在语境线索的帮助下，通过认知分析和判断，词典义被排除在外，新的可理解的、可接受的语境化意义生成。

4.2.2 文化导向的隐喻

虽然概念隐喻根植于人类的身体经验建构，但不同民族的隐喻概念系统与其社会文化系统密切相关，“在特定文化中，潜在隐喻的最终遴选在很大程度上还要取决于生活在该文化中的个体所共享的文化模型”（Yu, 1998）。因此，有学者提出了“认知文化理论”，并强调“以往的认知语言学家更多地沉醉于隐喻概念化的全球普适性，在很大程度上忽视了跨语言和跨文化的多样性和变异性”（Kövecses，2005）。由此可见，“语言是文化的载体，隐喻是以文化为导向的特殊语言。因此，隐喻不仅是特定文化的展示品，更是折射与众不同的文化模型的透镜”（孙毅、张盼莉，2016）。

以下是商务英语新闻语篇中文化导向隐喻的实例分析，主要揭示文化导向隐喻语境化意义识解过程中所涉及的认知因素和认知操作。

【5】

A record-high 48% of investors surveyed by Bank of America Merrill Lynch think that stocks are overvalued, according to the banks report dated Nov. 14. The reading led BAML's chief market strategist Michael Hartnett to declare that such a reading implies stocks may be due for a pullback.

"Stock market investors are *getting too close to the sun*," Hartnett said. "and investors' risk-taking has hit an all-time high. A record high percentage of investors say equities are overvalued yet cash levels are simultaneously falling is an ominous sign."

（Market Watch, Nov. 15, 2017）

问题识别：理解难点源于“Stock market investors are *getting too close to the sun*”，这句话不能解释为“股市投资者离太阳太近了”，因为所解释的含义仍然无法说得通，也远不能被清楚地理解。在此例中，“*getting too close to the sun*”是一个文化导向的认知隐喻，会导致理解困难。从源始域“*getting too close to the sun*”可以获得什么样的文化信息？目标域是什么？两者之间的相似性或相关结构是什么？仅凭纯粹的语言知识或一般阅读理解的经验，很难回答上述问题。应激活文化框架，运用认知推理过程，构建相似性，从而识解“*getting too close to the sun*”的语境化意义。更具体地说，只有通过在语言语篇中建立一系列 IC 和 EC，即与股票市场投资现象相关的共享信息，才能识解“*getting too close to the sun*”的语境化意义。其语境化意义识解模型的建构描述如下：

Contextualized meaning of *getting too close to the sun*=? ⇐ Σ {IC1，IC2，IC3，…，IC-n} + {EC1，EC2，EC3，…，EC-n}

在认知语境线索链模式的意义识解机制中，IC 和 EC 可以起到意义映射、意义制约（限定）、意义嬗变、意义充实、意义缩小、意义排他等作用。例如，“sun”的概念有词典中所给予的词汇意义：“宇宙中炽热的气体球。”但在语境线索的帮助下，通过认知分析和判断，词典义被排除在外，新的可理解的、可接受的语境化意义生成。

4.3 商务英语新闻语篇中的商业术语

术语是在特定专业领域工作并具有共同兴趣的人使用的一种语言。与大多数研究领域的沟通一样，商务沟通包含的术语和表达可能对外行没有明显的含义。如果一个人不懂商业术语，他就不会理解所说的话的意思。商业术语通常是一些容易记住的词汇和短语，它们简明扼要地说明了一个商务常识或商业情况。商业术语起源于许多地方。例如，它可以来自体育，因为商业和体育都具有典型的竞技性质。在商业中，我们可以说：

"We need to increase our batting average"—"batting average" 是一个棒球术语，表示棒球击球平均成功率。这句话指我们需要提升销售业务成功率（找到热门销售渠道，挖掘潜在客户和销售机会等）。因此，要理解商业术语，首先要调查其复杂的来源，其中一些来自各个行业中有影响力的概念或术语，而另一些则来自日常生活中的习语、俚语等。

商业术语是一个令人困惑且不断变化的领域，许多词条不仅在口头沟通中使用，还被用于商业杂志或报纸文章的写作中，这就给那些不在商务环境中生活和工作的读者，或者把英语以外的语言作为母语的读者的阅读理解造成障碍。因此，商务英语新闻语篇中的商业术语涉及语境化意义的认知识解。

4.3.1 经验导向的商业术语

商业术语是在长期的商务活动中逐渐积累起来的。如前所述，要理解商业术语，首先要了解它们复杂的背景和起源。有些商业术语来源于生活经验或观察，要理解其在语篇中的语境化意义，我们应该考虑两个问题：（1）它们可以衍生出什么样的生活经验或观察？（2）在语篇中，它们所类比描述的实际情况或对象是什么？其中最关键的一步是激活经验框架，还需要通过认知推理过程来建构商业术语的经验起源与语篇中描述的实际情况或对象之间的相关性，从而对商业术语的语境化意义进行识解。

以下是商务英语新闻语篇中经验导向商业术语的实例分析，主要揭示经验导向商业术语语境化意义识解过程中所涉及的认知因素和认知操作。

【6】

Last Friday an icon up and walked away. Fred Stickel, publisher of the

Oregonian, left his office, rode down on the elevator, walked through the main lobby and out the front doors. He continued down the sidewalk to his car. Got in and drove away. Waiting for him along his exit route were an emotional staff and well-wishers. Almost all will miss him. Though not a face in that crowd, I'll miss him too. He's the kind of person you try to emulate— even more so if you're a publisher.

I met Fred at a publisher's meeting over 25 years ago. We were listening to a major account discuss how they would like to be billed on the success of their advertising. When I asked the account the definition of success and by whom, he answered, but not really. Feeling foolish, I didn't press for the answer. Then Fred piped up, "Answer his question." That's the kind of no-nonsense yet gracious person he was to do business with.

At another function, we were having dinner together. I was lamenting to Fred some editorial staff problems. His simple answer, "Editorial problems are the toughest battles you' ll fight." He was right and taught me to take a deep breath before swinging from the heels. Sometimes — don't swing at all.

Over the years I learned much from Fred Stickel. Mainly how to be a gentleman, have integrity and respect your associates. And through some very tough situations, nowhere does it say — be rude.

Which brings me to this. At looking at the man's accomplishments and the respect he commanded — how is anybody going to *fill his large shoes*? They aren't. Fred walked those shoes out of the building and out of the newspaper business at probably the right time. He's the reflection of a powerful industry at its peak. It never went to his head. He used his position to promote, defend and watch over

Oregon and more succinctly, Portland.

（Nobody Could Fill Those Shoes, OregonLive.com, September 22, 2009.）

问题识别：理解难点源于“how is anybody going to *fill his large shoes*”，这句话不能解释为“他的鞋尺码太大，别人穿不上”，因为所解释的含义仍然无法说得通，也远不能被清楚地理解。在此例中，“*fill his large shoes*”是一个经验导向的商业术语，会导致理解困难。这个商业术语的经验来源是什么？从中可以衍生出什么样的生活体验或观察？它用来类比描述的实际情况或对象是什么？应激活经验框架，运用认知推理过程，以建构商业术语的经验来源与语篇中描述的实际情况或对象之间的联系，从而识解“*fill his large shoes*”的语境化意义。更具体地说，只有通过在语言语篇中建立一系列IC和EC，即与俄勒冈州前报纸出版商Fred Stickel所取得的非凡成就相关的共享信息，才能识解“*fill his large shoes*”的语境化意义。其语境化意义识解模型的建构描述如下：

Contextualized meaning of *fill his large shoes* =? ⇐ Σ {IC1，IC2，IC3，…，IC-n} + {EC1，EC2，EC3，…，EC-n}

在认知语境线索链模式的意义识解机制中，IC和EC可以起到意义映射、意义制约（限定）、意义嬗变、意义充实、意义缩小、意义排他等作用。例如，“shoe”的概念有词典中所给予的词汇意义：“穿在脚上，便于走路的东西。”但在语境线索的帮助下，通过认知分析和判断，词典义被排除在外，新的可理解的、可接受的语境化意义生成。

【7】

Wall Street banks accused of *window dressing debt*

Even regulators have taken to using the phrase "window dressing" to describe Wall Street banks' habit of reducing their short-term borrowings for a few days around the end of each quarter, in order to make themselves look less risky than they really are.

Window dressing is too benign a term. What banks, led by Lehman Brothers, but also including Bank of America and Citigroup, have been doing is much worse than simply dressing up their finest wares in the shop-front window. It is more like finding an Oscar de la Renta dress in the window of a Wal-Mart. It is misleading, and often deliberately so.

Wall Street's apologists argue that there are lots of operational reasons why short-term borrowings, which are volatile, might fall at the quarter-end, but they don't add up to a full explanation. According to one analysis, broker-dealers report debts that are an average of 42 per cent below their peak in the quarter.

Now the Securities & Exchange Commission is proposing new rules that would make it harder for banks and other financial institutions to get away with the practice. Quarterly reports will have to include a number for the average short-term debt level over the period, not just a number for whatever level the traders and accountants have managed to get debt down to on reporting day.

One of the lessons of the credit crisis is that short-term borrowings are wont to evaporate in a panic, so measuring them accurately is vital for investors who want to assess how risky their investment might be. They will also play an increasing role in regulators' assessments of banks, now that liquidity rules have moved to the top of the international agenda.

(*The Independent*, 18 September, 2010)

问题识别：理解难点源于“Wall Street banks accused of *window dressing debt*”，这句话不能解释为“华尔街银行被指控装饰精美债务”，因为所解释的含义仍然无法说得通，也远不能被清楚地理解。只有通过在语言语篇中建立一系列 IC 和 EC，即华尔街银行为暂时隐藏债务而进行欺瞒行为的相关共享信息，才能识解“*window dressing debt*”的语境化意义。

“window dressing”的概念有词典中所给予的语汇意义：“以商品为主体，通过布景道具的装饰、衬托，并配合灯光、色彩和文字说明，进行商品介绍和商品宣传的综合性艺术形式。”但在语境线索的帮助下，通过认知分析和判断，词典义被排除在外，新的可理解的、可接受的语境化意义生成。

4.3.2 文化导向的商业术语

另一类商业术语来源于特定的社会文化背景，要理解其在语篇中的语境化意义，需要考虑两个问题：它们可以衍生出什么样的文化背景信息？在语篇中，它们所类比描述的实际情况或对象是什么？其中最关键的一步是激活文化框架，还需要通过认知推理过程来建构商业术语的文化起源与语篇中描述的实际情况或对象之间的相关性，从而对文化导向商业术语的语境化意义进行识解。

以下是商务英语新闻语篇中文化导向商业术语的实例分析，主要揭示文化导向商业术语语境化意义识解过程中所涉及的认知因素和认知操作。

【8】

"We like to buy what we call '*fallen angels*'. We're looking for a company that has hit a bump in the road, or their industry is out of favor. We try to buy not only cheap stocks, but great companies, with the view of holding them for years."

(Warren Buffett's annual letter to Berkshire Hathaway shareholders 2010)

问题识别：理解难点源于"We like to buy what we call '*fallen angels*'"，这句话不能解释为"我们喜欢买被上帝赶出天堂的堕落天使"，因为所解释的含义仍然无法说得通，也远不能被清楚地理解。在此例中，"*fallen angels*"是一个文化导向的商业术语，会导致理解困难。这个商业术语的文化渊源是什么？从中可以衍生出什么样的文化背景信息？它用来类比描述的实际情况或对象是什么？应激活文化背景框架，运用认知推理过程，以建构商业术语的文化渊源与语篇中描述的实际情况或对象之间的联系，从而识解"*fallen angels*"的语境化意义。更具体地说，只有通过在语言语篇中建立一系列 IC 和 EC，即当前股价较低的公司的相关共享信息，才能识解"*fallen angels*"的语境化意义。其语境化意义识解模型的建构描述如下：

Contextualized meaning of *fallen angels* =? ⇐ Σ {IC1, IC2, IC3, …, IC-n} + {EC1, EC2, EC3, …, EC-n}

在认知语境线索链模式的意义识解机制中，IC 和 EC 可以起到意义映射、意义制约（限定）、意义嬗变、意义充实、意义缩小、意义排他等作用。例如，"fallen angels"的概念有词典中所给予的语汇意义："在基督教教义中，堕落天使是指违抗上帝命令，反叛上帝，被上帝从天堂驱逐出来的天使。”但在语境线索的帮助下，通过认知分析和判断，词典义被排除在外，新的可理解的、可接受的语境化意义生成。

【9】

Headline: 10 Stocks Being Chased By the *Smart Money*

（investorguide.com, February 28, 2017）

问题识别：理解难点源于“chased by the *smart money*”，这句话不能解释为“被聪明的钱追逐”，因为所解释的含义仍然无法说得通，也远不能被清楚地理解。在此例中，“*smart money*”是一个商业术语，会导致理解困难。只有通过在语言语篇中建立一系列 IC 和 EC，即与投资商或赌博相关的习语等共享信息，才能识解“*smart money*”的语境化意义。

“smart money”的概念有词典中所给予的词汇字面意义：“聪明的钱。”但在语境线索的帮助下，通过认知分析和判断，词典义被排除在外，新的可理解的、可接受的语境化意义生成。

4.4 商务英语新闻语篇中的特定事件关联性语词

商务英语新闻语篇涉及对国际经贸领域热点话题或事件的新闻报道或评论，因此其内容不能脱离特定的政治、经济或社会背景。在讨论之前、同时或之后发生的事件都可能与讨论的问题有关。相关事件可以为阅读理解提供线索，而缺乏对背景信息全面了解的读者，即使拥有出色的语言功底也会不知所云。相反，充分了解政治、经济和社会背景可以加深读者对语篇的理解，甚至在一定程度上弥补语言能力的不足。

曾利沙（2002）曾指出：空白或缺省的意义是由相关社会政治生活中的特定事件决定的。这种意义缺省的文本之所以可能形成而为特定读者群所理解，是因为作者在编码过程中已考虑到读者能对空缺的意义进行补缺，其前提是该文本产生的时间与所缺省的意义所反映的事件是相对共时的。没有这种共时性关系就不会产生这样的文本编码形式。但随着时间的推移，该文本所缺省的相对“共时性事件”也就成了“历时性事件”，并对以后不熟悉此事件的读者或译者的理解形成信息阻断。曾利沙把这种相关的历时性事件视为一种言外视域下的参数因子，并将其称作“历时性事件参数因子”，在其映射下生成对语篇的理解。

商务英语新闻语篇中的一些语词包含了特定事件的复杂背景信息，可以被视为特定事件关联性语词。在理解特定事件关联性语词并识解其语境化意义时，我们需要调查相关背景事件作为线索，从而捕捉到背景事件与语词之间的相关性。

4.4.1 政治事件关联性语词

如前所述，商务英语新闻语篇的内容不能脱离特定的政治、经济或社会背景，而要理解特定事件关联性语词，我们首先要调查了解特定事件的背景信息。商务英语新闻语篇中存在与政治事件相关联的语词，要理解它们在语篇中的语境化意义，我们需要考虑两个问题：与之相关的政治背景信息是什么？它被用来类比描述的实际情况是什么？关键步骤是激活政治事件框架作为线索或提示，并通过认知推理过程建构语词中所包含的特定政治事件与语篇中描述的实际情况之间的关联，从而分析识解商务英语新闻语篇中政治事件关联性语词的语境化意义。

以下是商务英语新闻语篇中政治事件关联性语词的实例分析，主要揭示政治事件关联性语词语境化意义识解过程中所涉及的认知因素和认知操作。

【10】

Headline: Obamacare could free workers from "*job lock*"

（MSN.com, September 6, 2013）

问题识别：理解难点源于"free workers from 'job lock' "，这句话不能解释为"被锁定在工作中的工人可以通过奥巴马医改获得解放"，因为所解释的含义仍然无法说得通，也远不能被清楚地理解。在此例中，"*job lock*"是一个政治事件关联性语词，会导致理解困难。与之相关的政治背景信息是什么？它被用来类比描述的实际情况是什么？关键步骤是激活政治事件框架作为线索或提示，并通过认知推理过程构建语词中所包含的特定政治事件与语篇中描述的实际情况之间的关联，从而识解"*job lock*"的语境化意义。更具体地说，只有通过在语言语篇中建立一系列 IC 和 EC，即与奥巴马政府医疗改革法案相关的共享信息，才能识解"*job lock*"的语境化意义。其语境化意义识解模型的建构描述如下：

Contextualized meaning of *job lock* =? ⟸ Σ {IC1，IC2，IC3，…，IC-n} + {EC1，EC2，EC3，…，EC-n}

在认知语境线索链模式的意义识解机制中，IC 和 EC 可以起到意义映射、意义制约（限定）、意义嬗变、意义充实、意义缩小、意义排他等作用。例如，“lock”的概念有词典中所给予的词汇意义：“使某物固定在一个位置，无法移动。”但在语境线索的帮助下，通过认知分析和判断，词典义被排除在外，新的可理解的、可接受的语境化意义生成。

4.4.2 经济事件关联性语词

商务英语新闻语篇中存在与经济事件相关联的语词，要理解它们在语篇中的语境化意义，我们需要考虑两个问题：与之相关的经济背景信息是什么？它被用来类比描述的实际情况是什么？关键步骤是激活经济事件框架作为线索或提示，并通过认知推理过程构建语词中所包含的特定经济事件与语篇中描述的实际情况之间的关联，从而分析识解商务英语新闻语篇中经济事件关联性语词的语境化意义。

以下是商务英语新闻语篇中经济事件关联性语词的实例分析，主要揭示经济事件关联性语词语境化意义识解过程中所涉及的认知因素和认知操作。

【11】

Apple's newest CEO has a tough act to follow. But in turning to chief operating officer Tim Cook to replace Steve Jobs in the wake of the latter's resignation Wednesday, Apple's board of directors has chosen a familiar face with a *proven track record* with the company.

（Apple turns to Tim Cook to replace Steve Jobs, MacWorld.com, August 24, 2011.）

问题识别：理解难点源于“Apple's board of directors has chosen a familiar face with a *proven track record*”，这句话不能解释为“苹果董事会选

择了一个在田径比赛中拥有良好记录的熟悉面孔”，因为所解释的含义仍然无法说得通，也远不能被清楚地理解。在此例中，“*proven track record*”是一个经济事件关联性语词，会导致理解困难。与之相关的经济背景信息是什么？它被用来类比描述的实际情况是什么？关键步骤是激活经济事件框架作为线索或提示，并通过认知推理过程构建语词中所包含的特定经济事件与语篇中描述的实际情况之间的关联，从而识解“*proven track record*”的语境化意义。更具体地说，只有通过在语言语篇中建立一系列 IC 和 EC，即库克在被任命为苹果 CEO 之前与乔布斯的长期合作和对苹果的奉献等共享信息，才能识解“*proven track record*”的语境化意义。其语境化意义识解模型的建构描述如下：

Contextualized meaning of *proven track record* =?	⇐ Σ {IC1，IC2，IC3，…，IC-n} + {EC1，EC2，EC3，…，EC-n}

在认知语境线索链模式的意义识解机制中，IC 和 EC 可以起到意义映射、意义制约（限定）、意义嬗变、意义充实、意义缩小、意义排他等作用。例如，“track record”是田径比赛术语，其词典义是：“运动员参加国际或本国内的严格正规的田径比赛后取得的成绩为有史以来最好的成绩。”但在语境线索的帮助下，通过认知分析和判断，词典义被排除在外，新的可理解的、可接受的语境化意义生成。

4.4.3 社会事件关联性语词

商务英语新闻语篇中存在与社会事件相关联的语词，要理解它们在语篇中的语境化意义，我们需要考虑两个问题：与之相关的社会背景信息是什么？它被用来类比描述的实际情况是什么？关键步骤是激活社会事件框架作为线索或提示，并通过认知推理过程构建语词中所包含的特定社会事件与语篇中描述的实际情况之间的关联，从而分析识解商务英语新闻语篇中社会事件关联性语词的语境化意义。

以下是商务英语新闻语篇中社会事件关联性语词的实例分析，主要揭示社会事件关联性语词语境化意义识解过程中所涉及的认知因素和认知操作。

【12】

Headline: *Soul-searching* in China as bystanders ignore woman being attacked in hotel

（TheGuardian.com, April 8, 2016）

问题识别： 理解难点源于"'*soul-searching*' in China as bystanders ignore woman being attacked in hotel"，这句话不能解释为"在中国，旁观者无视女性在酒店遇袭的自我剖析"，因为所解释的含义仍然无法说得通，也远不能被清楚地理解。在此例中，"*soul-searching*"是一个社会事件关联性语词，会导致理解困难。与之相关的社会背景信息是什么？它被用来类比描述的实际情况是什么？关键步骤是激活社会事件框架作为线索或提示，并通过认知推理过程构建语词中所包含的特定社会事件与语篇中描述的实际情况之间的关联，从而识解"*soul-searching*"的语境化意义。更具体地说，只有通过在语言语篇中建立一系列 IC 和 EC，即北京和颐酒店女生遇袭事件的共享信息，才能识解"*soul-searching*"的语境化意义。其语境化意义识解模型的建构描述如下：

Contextualized meaning of *soul-searching* =? ⟸ Σ {IC1，IC2，IC3，…，IC-n} + {EC1，EC2，EC3，…，EC-n}

在认知语境线索链模式的意义识解机制中，IC 和 EC 可以起到意义映射、意义制约（限定）、意义嬗变、意义充实、意义缩小、意义排他等作用。例如，“soul-searching”的概念有词典中所给予的词汇字面意义：“对自己的思想行为进行细致入微的剖析的行为或过程。”但在语境线索的帮助下，通过认知分析和判断，词典义被排除在外，新的可理解的、可接受的语境化意义生成。

4.5 总结

在本章中，笔者试图界定商务英语新闻语篇在语境化意义认知识解方面的突出难点特征，包括认知隐喻、商业术语和特定（政治、经济、社会）事件关联性语词，列举典型的例子来说明上述各种特征，并通过分析研究揭示语境化意义识解过程中所涉及的认知因素和认知操作，从而进一步证实需要建构一种新的认知模式和操作机制来描述、分析和阐释商务英语新闻语篇语境化意义识解的过程。

5. 基于认知语境线索链模式的商务英语新闻语篇语境化意义识解机制

5.1 引言

上一章所讨论的语境化意义识解的难点特征在商务英语新闻语篇中具有典型性和普遍性，因此构成了商务英语语言研究的重要课题之一，需要具体的理论分析方法来解决实际问题。单从经验层面来看，很难解释这些语言现象背后的本质，纯粹的主观理解也很难让人信服。因此，只有系统的、方法论的理论研究才能展示语篇语境化意义识解分析的程序性特征，使其具有可阐释性、可描述性、可分析性、可印证性和可操作性，显示主观解释和客观语境线索之间的相互作用。本章的目的是运用基于认知语境线索链模式的理论框架，来指导商务英语新闻语篇语境化意义的识解过程。

5.2 认知语境线索链模式在商务英语新闻语篇语境化意义识解中的应用

根据认知语境线索链模式的语境化意义识解机制，语篇内外的语境因素只有在读者的认知实践中识别出来，才能被视为语境线索；语境线索激活了相关的知识框架，这些知识框架本质上是读者对世界的认知；从知识框架中可以推导出假设，而从前面的推理过程中推导出的假设又构成一个立即给出的新线索，可以加入下一步的推理过程中，这样环环相扣就形成一个连贯的线索链。本章将认知语境线索链模式的意义识解机制，应用于解决商务英语新闻语篇中认知隐喻、商业术语和特定（政治、经济、社会）事件关联性语词这三类典型的语境化意义识解难点问题，对语境化意义识解过程中的认知机制进行可描述性、可分析性、可阐释性、可印证性研究。认知语境线索链模式通过把客观静态的语境具体对象化为若干有意义触发性的语境线索，为语篇中概念和命题的语境化意义识解过程提供可描述、可推论性说明，为读者推理语境义提供可操作性理据和技法体验，让读者感性地把握语境的具体运作机制以及概念或命题语义识解的理据和规律，使意义推导过程更具层次性、逻辑性、关联性和程序性。

5.2.1　认知隐喻的语境化意义识解机制

认知隐喻的频繁使用一方面使商务新闻语篇生动、有趣、易读，但另一方面也增加了语篇意义识解的难度。一些认知隐喻的源始域来源于生活经验或观察，也有的来源于特定的社会文化背景。要理解商务英语新闻语篇中认知隐喻的语境化意义，我们需要在语篇内外寻找线索，以建构源始域和目标域的相似性。关键的一步是根据线索激活相关的经验或文化框架，从而为认知隐喻的意义识解提供假设。下面的例子将认知语境线索链模式的意义识解机制应用于解决商务英语新闻语篇中认知隐喻的语境化意义识解问题，展示了认知隐喻语境化意义获取的分析流程和思维路径。

【1】

Jury says Samsung, Apple both infringed patents

A California jury awarded Apple $119.46 million — far less than it demanded — in a patent battle with Samsung over alleged copying of smart phone features, and the jury made the victory even smaller by finding that Apple illegally used one of Samsung's patents.

The verdict was a far cry from the $2.2 billion Apple sought and the $930 million it won in a separate 2012 trial making similar patent infringement claims against older Samsung products, most of which are no longer for sale in the United States.

The jury found that Apple had infringed one of Samsung's patents in creating the iPhone 4 and 5. Jurors awarded Samsung $158,400, trimming that amount from the original $119.62 million verdict. Samsung had sought $6 million.

"Though this verdict is large by normal standards, it is hard to view this outcome as much of a victory for Apple," a Santa Clara University law professor Brian Love said. "This amount is less than 10 percent of the amount Apple requested and probably doesn't surpass by too much the amount Apple spent litigating this case."

...

Unlike the first trial in San Jose federal court in 2012, Samsung lawyers made Google a central focus of their defense. Google makes the Android software that Samsung and other smartphone manufacturers use as their operating systems. Samsung argued that Google was Apple's real target.

More than 70 percent of smartphones run on Android, a mobile operating system that Google Inc. has given out for free to Samsung and other phone makers.

Both companies will now try to urge the judge to remove the others products from store shelves in the United State. Love and other experts say that neither company is expected to succeed with those demands.

"So far Apple has been unsuccessful at doing so and, without a sales ban, this case is unlikely to *move the needle* on the larger battle between Apple and Android," Love said.

（*The Economist*, May 3rd, 2014）

例 1 中经验导向的隐喻性表达"*move the needle*"是意义识解的难点，按字面理解显然无法建构语篇的连贯，只有准确识别语篇内外潜在的语境线索并激活内隐的语境知识框架，才能使语篇的连贯性得以实现。对"*move the needle*"语境化释义的解析有赖于认知语境线索链模式对隐喻源始域与目标域之间相似性的建构和对意义识解过程的思维路径作出描写，并系统地揭示语篇意义生成的理据。阐述如表 5–1 所示。

表 5–1 经验导向的隐喻性表达"move the needle"语境化意义识解的思维路径

触发性语境线索	触发的商务事件框架及其他经验框架	推导得出的假设
线索 1 "Samsung" "Apple" "patent"	商务事件框架 1 触发了苹果和三星旷日持久的专利侵权之战：2011 年苹果公司正式起诉三星电子，称三星产品侵犯了苹果产品的多项专利权，自此苹果与三星的专利大战正式拉开帷幕。两大手机制造巨头在此后经历了多次上诉、反诉、再上诉，这场跌宕起伏的诉讼拉锯战持续了 5 年	假设 1 苹果和三星长期以来一直存在专利侵权纠纷，双方都力图将法院裁决和赔偿金向于己有利的方向倾斜，并试图敦促法官对对方侵权产品颁布永久禁售令

续表

触发性语境线索	触发的商务事件框架及其他经验框架	推导得出的假设
线索 2 “a far cry from” “without a sales ban”	商务事件框架 2 触发了 2014 年美国加州法院在三星专利侵权案中的最终裁决	假设 2 法院称两家公司互相侵犯了彼此的专利。苹果获赔不到 1.2 亿美元，远低于它索要的 22 亿美元赔偿金。此外，法官驳回了苹果要求对三星侵权产品颁布永久禁售令的请求
线索 3 “move the needle”	经验框架 3 触发了使用指针式机械秤测量重量的经验框架	假设 3 如果指针没有移动，说明添加到机械秤或者从机械秤上拿下的物品重量太轻，不足以对总体重量造成影响
		假设 4 （由假设 1、2、3 共同推导得出）这次裁决结果不太可能对三星和苹果之间的法律纠纷产生重大影响，因为双方都没有得到它想要的，因此这场专利之战仍将继续

在上述思维路径中，相关线索可以触发相关商务事件及经验框架，并推导得出假设（假设 1，假设 2，……，假设 n），推导得出的假设又可以成为新的已知线索参与下一轮推理过程，这样环环相扣就构成最终推导出语篇意义的语境线索链。经以上分析，隐喻源始域与目标域之间的相似性得以建构，“*move the needle*”在文中的语境化意义可识解为：

In California patent trial, Apple was eventually awarded $119.46 million in damages, but the amount is far less than the amount Apple requested. Besides, it failed to win a ban on the sale of the infringing Samsung phones. The trial, therefore, is unlikely to exert substantial impact on legal battles between smartphone rivals Samsung and Apple, which means that Apple's long-running dispute with Samsung, which dates back to when former Apple CEO Steve Jobs was still alive, is far from over, since neither side has gotten exactly what it wanted.

译文：在加利福尼亚州的专利审判中，苹果公司最终获得了 1.1946 亿美元的赔偿，但这远远低于苹果公司所要求的金额。此外，该公司未能赢得禁止销售侵权三星手机的禁令。因此，这场审判不太可能对智能手机竞争对手三星和苹果之间的法律纠纷产生实质性的重大影响，这意味着苹果与三星旷日持久的纠纷远未结束，这场纠纷可以追溯到苹果前首席执行官史蒂夫·乔布斯还在世时，因为双方都没有得到自己想要的结果。

【2】

Auto sector gets a shot in the arm

Sales tax on vehicles with engines of less than 1.6 liters will be halved and exchange of old vehicles for new ones with smaller engines subsidized to boost the auto industry.

A total of 5 billion yuan（$731.45 million）will be set aside for the subsidy to be given to farmers. And sales tax will be cut from 10 percent to 5 percent from Jan 20.

The stimulus package for the country's auto industry, the third largest in the world, was announced by the State Council yesterday after its sales growth fell to a 10-year-low of 6.7 percent last year.

The package is expected to boost the steel industry and designed to promote fuel-efficient and low-emission vehicles, too.

"In order to adjust and revive the auto sector, we must implement a proactive consumption policy to stabilize and boost auto demand," the State Council said.

"Any unreasonable rules" hampering auto sales would be removed in order to spur demand.

The government said it would support the alternative-energy vehicle sector by promoting the mass production of electric-powered cars in big and medium cities.

In the next three years, the government will provide 10 billion yuan ($1.5 billion) to automakers to help upgrade their technology and develop alternative energy vehicles.

The move, likely to benefit more than 80 auto- and steel-related firms in Shanghai and Shenzhen, is part of a series of industry specific policies to stimulate the economy.

The government is expected to release supportive polices for eight other industries, including shipbuilding, petrochemicals and textiles, in the next few days.

Analysts said the package announced yesterday would help the two pillars of the national economy immensely. "The wide-ranging supportive measures will certainly give the auto industry *a shot in the arm*," said Jia Xinguang, a Beijing-based auto analyst.

(*China Daily*, January 15, 2009)

例 2 中经验导向的隐喻性表达"*a shot in the arm*"是意义识解的难点，按字面理解显然无法建构语篇的连贯，只有准确识别语篇内外潜在的语境线索并激活内隐的语境知识框架，才能使语篇的连贯性得以实现。对"*a shot in the arm*"语境化释义的解析有赖于认知语境线索链模式对隐喻源始域与目标域之间相似性的建构和对意义识解过程的思维路径作出描写，并系统地揭示语篇意义生成的理据。阐述如表 5-2 所示。

表 5-2　经验导向的隐喻性表达“a shot in the arm”语境化意义识解的思维路径

触发性语境线索	触发的商务现象框架及其他经验框架	推导得出的假设
线索 1 “sales growth fell” “10-year-low”	框架 1 激活了中国汽车行业面临衰退状况的现象框架。2009 年 1 月 12 日，《中国日报》发布一篇题为《中国 2008 年汽车销量增长创 10 年来新低》的文章，据报道，中国汽车制造商 2008 年的销量同比增长 6.7%，为 10 年来的最低增幅。2007 年增长率为 21.84%。汽车销量和产量均低于年初的预测	
线索 2 “stimulus package” “a proactive consumption policy”	框架 2 激活了政府将对汽车行业实施全面支持措施的框架。根据《中国 2008 年汽车销量增长创 10 年来新低》一文，行业分析师表示，尽管中国汽车行业受全球金融危机的影响比外国同行小，但随着危机的发展，如果没有政府扶持，中国汽车行业将面临更为严峻的形势	假设 1 （由框架 1 和框架 2 共同推导得出） 汽车行业的业绩将直接受政府何时以及如何支持该行业的影响
线索 3 “a shot in the arm”	框架 3 激活了在手臂上注射药物的经验框架	假设 2 注射药物以治愈疾病，或注入强心剂使人振奋
		假设 3 （由假设 1 和假设 2 共同推导得出） 政府对汽车行业的全面支持措施犹如“一针强心剂”，推动境况不佳的汽车行业复苏发展

在上述思维路径中，相关线索可以触发相关商务现象及经验框架，并推导得出假设（假设 1，假设 2，……，假设 n），推导得出的假设又可以成为新的已知线索参与下一轮推理过程，这样环环相扣就构成最终推导出语篇意义的语境线索链。经以上分析，隐喻源始域与目标域之间的相似性得以建构，"*a shot in the arm*" 在文中的语境化意义可识解为：

The government's wide-ranging stimulus measures are a great boost, or an uplifting act of encouragement, to the ailing auto industry.

译文：政府的广泛刺激措施对境况不佳的汽车行业来说是一个巨大的推动，或者说是一种令人振奋的鼓励行为。

【3】

Thank you for the May 13 cover story, "The market's message." Certainly the saddest statistic has to be the 22 percent of Americans who exited the market near the bottom, 87 percent of whom are still in cash today with the stock market hitting record highs — which brings me to your article's focus: Is it a good time to enter the market?

The answer to the question of when the market is at a peak is this: The market peaks when individual investors capitulate and put their money, with zeal, into equities. As a 35-year investment professional it always disturbs me that equity mutual fund inflows (a measure of small investor activity) peak near the time the market does and, conversely, redemptions peak near market bottoms (i.e., buying high and selling low) —defining tragic performance for the small investor time and again.

The remedy is in becoming a true investor — a concept that seems lost today with high-frequency trading, the proliferation of derivatives and options, leveraged and deleveraged exchange-traded funds, and short-long strategies, to name a few.

The small investor is led down the *garden path* of attempting to grow rich from a mix of potent investment vehicles and propitious timing. It doesn't work that way.

Families build wealth through disciplined, consistent saving and investing. The billionaire investor Warren Buffett gives us three famous quotes on this subject. "Our favorite holding period is forever." "Look at market fluctuations as your friend rather than your enemy; profit from folly rather than participate in it." "We believe that according the name 'investors' to institutions that trade actively is like calling someone who repeatedly engages in one-night stands a 'romantic.' "

(Readers Write: Most Americans should be investors, not traders, by Paul H. Collins, CSMonitor.com, June 17, 2013.)

例 3 中经验导向的隐喻性表达"*garden path*"是意义识解的难点，按字面理解显然无法建构语篇的连贯，只有准确识别语篇内外潜在的语境线索并激活内隐的语境知识框架，才能使语篇的连贯性得以实现。对"*garden path*"语境化释义的解析有赖于认知语境线索链模式对隐喻源始域与目标域之间相似性的建构和对意义识解过程的思维路径作出描述，并系统地揭示语篇意义生成的理据。阐述如表 5-3 所示。

表 5-3　经验导向的隐喻性表达"garden path"语境化意义识解的思维路径

触发性语境线索	触发的商务现象框架及其他经验框架	推导得出的假设
线索 1 "high-frequency trading" "buying high and selling low"	框架 1 "频繁交易"激活了股民盲目追高后又仓促止损的现象框架。散户在股市投资中普遍拥有贪婪和恐惧心理，他们在股市达到最高潮时抢进股票，贪婪地期待着股价再创新高；在最低潮时惊慌失措，不计成本地抛出股票	假设 1 散户被不良心态诱导高买低卖的悲剧循环往复，高位接盘又匆忙"割肉"的频繁交易只会导致亏损

续表

触发性语境线索	触发的商务现象框架及其他经验框架	推导得出的假设
线索 2 “Warren Buffett” “three famous quotes”	框架 2 触发了“股神”巴菲特给股票投资者的忠告框架	假设 2 根据巴菲特的股票投资之道，“揣测最佳投资时机”和“频繁操作”都是致命错误，因为企业盈利增长和股票升值需要时间，投资者应锻炼耐心和自律性，静待利润最大化
线索 3 “garden path”	框架 3 “花园幽径”触发了在传统中国园林中散步的经验框架	假设 3 与城市中心宽敞笔直的主干道相比，花园幽径都是小而蜿蜒、纵横交错的。它们迂回曲折地进入树林，绕过池塘，然后爬上一座山。有时一条小路通向一个死胡同，有时把路径分叉成两个或三个。花园幽径背后的设计理念是充分利用风景并增添神秘感，但对于访客，尤其是第一次造访的人来说，这可能会带来混乱，甚至让他们不知不觉迷失方向
		假设 4 （由假设 1、2、3 共同推导得出） 散户在不良心态诱导下迷失了方向，频繁交易使他们由股票“投资者”变成“交易员”，最后往往竹篮打水一场空

在上述思维路径中，相关线索可以触发相关商务现象及经验框架，并推导得出假设（假设 1，假设 2，……，假设 n），推导得出的假设又可以成为新的已知线索参与下一轮推理过程，这样环环相扣就构成最终推导出语篇意义的语境线索链。经以上分析，隐喻源始域与目标域之间的相似性得以建构，“*garden path*”在文中的语境化意义可识解为：

Investors have lost their way and have become traders, forgetting the fundamentals of investing. Corporate earnings growth and the resulting stock appreciation take time. If investors can exercise patience and discipline, time becomes their ally. It is reported that stocks over the past 60 years have returned an average of about 10 percent per year. Even the past 10 years, which includes the worst bear market since 1929, gave stock investors an average return of 8.53 percent per year, which further proves that there was no market timing required.

译文：投资者迷失了方向，变成了交易员，忘记了投资的基本原理。企业盈利增长以及由此带来的股票升值需要时间。如果投资者能够保持耐心和自律，时间就会成为他们的盟友。据报道，在过去的 60 年里，股票的平均年回报率约为 10%。即使是过去 10 年，期间经历了 1929 年以来最严重的熊市，股票投资者的平均年回报率也达到 8.53%，这进一步证明了不需要揣测最佳市场交易时机。

【4】

Fulfilling a campaign pledge to tap Silicon Valley innovation to combat global warming, Energy Secretary Steven Chu announced Monday at Google’s headquarters the first federal grants for high-risk, high-reward clean-tech ventures — including revolutionary technologies like using bacteria to create gasoline.

"We are trying to hit home runs, not base hits," Chu said. "These are *out–of–the–box* approaches."

The administration's initiative drew cheers from the valley's clean–technology community, which sees federal funding playing a critical role in getting basic research off the ground, paving the way for entrepreneurs and venture capitalists to take those ideas and turn them into multibillion–dollar companies.

"This is going toward more fundamental, early–stage research – something venture capitalists may not be interested in," said Herman Lopez, director of materials development at Hayward–based Envia Systems, which garnered a $4 million grant for its work to create high–density lithium–ion batteries for hybrid vehicles, electric cars and electronic gadgets.

Chu made his announcement at the Googleplex in Mountain View, signaling that the Obama administration is looking to duplicate with clean tech the kind of convention–breaking ideas Silicon Valley— and the innovative search engine company — is known for in other areas of technology.

（At Google, Chu announces grants for 'out–of–the–box' global warming projects, MercuryNews.com, October 26, 2009.）

例 4 中经验导向的隐喻性表达"*out–of–the–box*"是意义识解的难点，按字面理解显然无法建构语篇的连贯，只有准确识别语篇内外潜在的语境线索并激活内隐的语境知识框架，才能使语篇的连贯性得以实现。对"*out–of–the–box*"语境化释义的解析有赖于认知语境线索链模式对隐喻源始域与目标域之间相似性的建构和对意义识解过程的思维路径作出描述，并系统地揭示语篇意义生成的理据。阐述如表 5–4 所示。

表 5-4　经验导向的隐喻性表达“out-of-the-box”语境化意义识解的思维路径

触发性语境线索	触发的商务事件框架及其他经验框架	推导得出的假设
线索 1 “using bacteria to create gasoline” “to create high-density lithium-ion batteries for hybrid vehicles and electric cars”	框架 1 “利用细菌制造汽油”和“为混合动力汽车和电动汽车制造高密度锂离子电池”激活了对抗全球变暖项目中的革命性技术和突破传统的想法框架，从可再生资源生产燃料，解决碳排放、燃料短缺等问题。2012 年 8 月 24 日，Live science 网站发表了一篇题为《生物工程细菌为汽车提供燃料》的文章。在不断寻找更清洁、更环保、更可再生的汽车燃料的过程中，科学家们从一种最不可能的来源——细菌中发现了一种候选燃料。这是科学上的又一重大突破，但需要注意的是，这仍处于非常早期的研究阶段。如果这项研究能够走出实验室，并扩大到工业规模的生产，它可能最终为道路上越来越多的汽车带来一种可行的、清洁的、可持续的替代能源。据 2011 年 2 月 24 日发表在 ScienceDaily.com 上的一篇文章《新型高性能锂离子电池是电动汽车的最佳候选电池》，科学家们当时正致力于一种先进的锂离子电池的开发，它是电动汽车的理想动力。这种新电池可以在小空间内存储大量的能量，并具有高倍率容量，这意味着它即使在极端温度下也可以提供电流	假设 1 研究人员富有创造力，尝试全新的方法解决碳排放、燃料短缺等老问题

续表

触发性语境线索	触发的商务事件框架及其他经验框架	推导得出的假设
线索 2 “out-of-the-box”	框架 2 激活了“盒子”的经验框架，即任何可以放东西的容器。盒子是一个空间和内容有限的封闭空间，但盒子外面是一个开放的空间，有着无限的想象力和创造力	假设 2 盒子隐喻封闭的思想，或传统的想法和做事的方式。换句话说，盒子里装的都是老东西、旧东西。另外，跳出框框思考，就是不被旧的传统做事方式所束缚，能够寻求全新的方法来解决老问题
		假设 3 （由假设 1 和假设 2 共同推导得出） 在对抗全球变暖的项目中，研究人员有足够的创造力，不受旧的传统做事方式的限制，而是能够寻求全新的措施，以解决碳排放、燃料短缺等老问题

在上述思维路径中，相关线索可以触发相关商务事件及经验框架，并推导得出假设（假设 1，假设 2，……，假设 n），推导得出的假设又可以成为新的已知线索参与下一轮推理过程，这样环环相扣就构成最终推导出语篇意义的语境线索链。经以上分析，隐喻源始域与目标域之间的相似性得以建构，“*out-of-the-box*”在文中的语境化意义可识解为：

In anti-global warming projects, researchers were creative enough to not to be restrained by the old traditional ways of doing things but be able to seek brand new measures in order to solve old problems of carbon emissions, fuel shortages, etc.

译文：在对抗全球变暖的项目中，研究人员有足够的创造力，不受旧的传统做事方式的限制，而能够寻求全新的措施来解决碳排放、燃料短缺等老问题。

【5】

A record-high 48% of investors surveyed by Bank of America Merrill Lynch think that stocks are overvalued, according to the banks report dated Nov. 14. The reading led BAML's chief market strategist Michael Hartnett to declare that such a reading implies stocks may be due for a pullback.

"Stock market investors are *getting too close to the sun*," Hartnett said. "and investors' risk-taking has hit an all-time high. A record high percentage of investors say equities are overvalued yet cash levels are simultaneously falling is an ominous sign."

（Market Watch, Nov. 15, 2017）

例 5 中文化导向的隐喻性表达"*getting too close to the sun*"是意义识解的难点，按字面理解显然无法建构语篇的连贯，只有准确识别语篇内外潜在的语境线索并激活内隐的语境知识框架，才能使语篇的连贯性得以实现。对"*getting too close to the sun*"语境化释义的解析有赖于认知语境线索链模式对隐喻源始域与目标域之间相似性的建构和对意义识解过程的思维路径作出描述，并系统地揭示语篇意义生成的理据。阐述如表 5-5 所示。

表 5-5 文化导向的隐喻性表达“getting too close to the sun”语境化意义识解的思维路径

触发性语境线索	触发的商务现象框架及文化知识框架	推导得出的假设
线索 1 “stocks are overvalued”	框架 1 “股票估值过高”激活了牛市巨大的赚钱效应，吸引股民大量进场买入股票的现象框架。股民在收获了相当可观的初始收益后变得贪婪而鲁莽，他们疯狂地买进股票，结果将股价推到了离谱的高度	假设 1 由于投资大众在牛市过度看好经济的发展和上市公司的盈利前景，蜂拥买入股票，往往会使股票市场的股票估值虚高，市场充满估值泡沫
线索 2 “getting too close to the sun”	框架 2 激活希腊神话人物伊卡洛斯的故事框架：伊卡洛斯的父亲用羽毛和蜡做成一对羽翼教伊卡洛斯飞行。伊卡洛斯被叮嘱不要飞得过高或过低。如果飞得太高太靠近太阳，连接羽毛的蜡就会融化；如果飞得太低太靠近大海，海水就会沾湿翅膀把他拽进大海里。结果伊卡洛斯在轻快的飞行中不由地骄傲起来，飞得离太阳太近，失去了翅膀，掉进海里淹死了	
		假设 2 （由假设 1 和框架 2 共同推导得出） 一些疯狂追高的投资者可能会像飞得离太阳太近的伊卡洛斯一样，被烧毁羽翼，最终失去一切。在大股东疯狂抛售价格虚高的股票时，中小散户却在不断进场买入，当股价越来越高，缺少新的后入资金接盘时，股价就暴跌，牛市结束

在上述思维路径中，相关线索可以触发相关商务现象及文化知识框架，并推导得出假设（假设 1，假设 2，……，假设 n），推导得出的假设又可以成为新的已知线索参与下一轮推理过程，这样环环相扣就构成最终推导出语篇意义的语境线索链。经以上分析，隐喻源始域与目标域之间的相似性得以建构，"*getting too close to the sun*"在文中的语境化意义可识解为：

Investors are taking too much risk buying high-flying shares - and in doing so, may get burned, like Icarus in the Greek legend, who flew too close to the sun and lost his wings in consequence. Stock market investors are getting giddy after some considerable initial gains and are now buying like crazy and in consequence pushing share prices into frightfully exorbitant heights. And since what goes up comes down, the higher the climb the harder the downfall, some frantic investors may, like Icarus, get burned and lose everything.

译文：投资者在购买高涨的股票时冒了太大的风险，这样做可能会被"灼伤"，就像希腊神话中的伊卡洛斯那样，飞得离太阳太近，结果失去了翅膀。股市投资者在最初获得可观收益后变得头脑发昏，现在疯狂买入，结果将股价推至可怕的高位。既然涨了就会跌，爬得越高，跌得越惨，一些疯狂的投资者可能会像伊卡洛斯一样被烧伤，失去一切。

5.2.2 商业术语的语境化意义识解机制

商业术语是一个令人困惑且不断变化的领域，商务英语新闻语篇中大量使用商业术语，这给没有在商务环境中生活和工作，或者母语不是英语的读者带来了阅读理解上的障碍。商业术语是在长期的商业活动中逐渐积累起来的，要了解商业术语，首先要考察其复杂的起源。商业术语来源于生活经验或观察，或来源于特定的社会文化背景，要识解其在商务英语新闻语篇中的语境化意义，我们需要在语篇内外寻找线索，建构商业术语的经验或文化渊源与语篇中所描述的实际情况或对象之间的相关性。关键步骤是根据相关线索激活相关的经验或文化框架，推导出有助于商业术语意义识解的假设。下面的例子将认知语境线索链模式的意义识解机制应用于解决商务英语新闻语篇中商业术语的语境化意义识解问题，展示了商业术语语境化意义获取的分析流程和思维路径。

【6】

Last Friday an icon up and walked away. Fred Stickel, publisher of the Oregonian, left his office, rode down on the elevator, walked through the main lobby and out the front doors. He continued down the sidewalk to his car. Got in and drove away. Waiting for him along his exit route were an emotional staff and well-wishers. Almost all will miss him. Though not a face in that crowd, I'll miss him too. He's the kind of person you try to emulate — even more so if you're a publisher.

I met Fred at a publisher's meeting over 25 years ago. We were listening to a major account discuss how they would like to be billed on the success of their advertising. When I asked the account the definition of success and by whom, he answered, but not really. Feeling foolish, I didn't press for the answer. Then Fred piped up, "Answer his question." That's the kind of no-nonsense yet gracious person he was to do business with.

At another function, we were having dinner together. I was lamenting to Fred some editorial staff problems. His simple answer, "Editorial problems are the toughest battles you'll fight." He was right and taught me to take a deep breath before swinging from the heels. Sometimes — don't swing at all.

Over the years I learned much from Fred Stickel. Mainly how to be a gentleman, have integrity and respect your associates. And through some very tough situations, nowhere does it say — be rude.

Which brings me to this. At looking at the man's accomplishments and the respect he commanded — how is anybody going to *fill his large shoes*? They aren't. Fred walked those shoes out of the building and out of the newspaper business at probably the right time. He's the reflection of a powerful industry at its peak. It never went to his head. He used his position to promote, defend and watch over Oregon and more succinctly, Portland.

（Nobody Could Fill Those Shoes, OregonLive.com, September 22, 2009.）

例 6 中经验导向的商业术语"*fill his large shoes*"是意义识解的难点，按字面理解显然无法建构语篇的连贯，只有准确识别语篇内外潜在的语境线索并激活内隐的语境知识框架，才能使语篇的连贯性得以实现。对"*fill his large shoes*"语境化释义的解析有赖于认知语境线索链模式对商业术语的来源构成与语篇中描述的实际对象之间的联系进行建构和对意义识解过程的思维路径作出描述，并系统地揭示语篇意义生成的理据。阐述如表 5–6 所示。

表 5-6　经验导向的商业术语“fill his large shoes”语境化意义识解的思维路径

触发性语境线索	触发的商务事件框架及其他经验框架	推导得出的假设
线索 1 “Fred Stickel”	框架 1 “Fred Stickel” 激活了前俄勒冈报纸出版商弗雷德·斯蒂克尔（Fred Stickel）取得的非凡成就的框架。他在 34 年的任期内将《俄勒冈人》打造成为波特兰最好的地区报纸之一。根据 2015 年 9 月 28 日刊登在 OregonLive.com 上的文章 “Mr. Stickel, man of a few words that counted: Editorial”，在 1975 年以来的任期内，斯蒂克尔稳定并提升了一家大型报纸的业绩，使其走出困境，在全国范围内成为业界的佼佼者。到 1990 年，波特兰市区超过一半的家庭都是该报纸的订户，该报纸的广告业也蓬勃发展。该报在斯蒂克尔 34 年的任期内五次获得普利策奖	假设 1 弗雷德·斯蒂克尔的工作做得如此出色，以至于他的继任者很难复制他的成功
线索 2 “fill his large shoes”	框架 2 激活了不同身材的人穿不同尺码鞋子的经验框架。人们的身材不同所以鞋子的大小不同。因此，一个人穿别人的鞋子往往是不舒服的，更不用说穿着它走路了	假设 2 推而言之，当一个人被要求做另一个人的工作时，他们就被描述为被要求填补那个人的鞋子。如果鞋子很大，就意味着这个人能力突出，取得了杰出的成就，很难被取代——因为很难想象还有谁能像他那样出色地完成这项工作
		假设 3 （由假设 1 和假设 2 共同推导得出） 弗雷德·斯蒂克尔已经离开了他的职位，但很难找到接替他的人，因为他的成就非常突出

在上述思维路径中，相关线索可以触发相关商务事件及经验框架，并推导得出假设（假设1，假设2，……，假设n），推导得出的假设又可以成为新的已知线索参与下一轮推理过程，这样环环相扣就构成最终推导出语篇意义的语境线索链。经以上分析，商业术语的来源构成与语篇中描述的实际对象之间的联系得以建构，“how is anybody going to *fill his large shoes*?”在文中的语境化意义可识解为：

Fred Stickel has left his post and it is hard to replace him. In other words, Fred Stickel has done such a good job that it will be difficult for his successor to emulate his success. “Large” in “large shoes” does not mean that Fred Stickel has a large pair of feet. He may or may not have big feet but it is not supposed to take the adjective literally here. “Large” instead points to Fred’s accomplishments — they were outstanding.

译文：弗雷德·斯蒂克尔已经离开了他的位置，很难找到接替他的人。换句话说，弗雷德·斯蒂克尔在他的职位上做得如此出色，以至于他的继任者很难效仿他的成功。“大鞋”中的“大”并不意味着弗雷德·斯蒂克尔有一双大脚。他可能有大脚，也可能没有，但我们不应该从字面上理解这个形容词。相反，“大”指的是弗雷德的成就——它们是杰出的。

【7】

Wall Street banks accused of *window dressing debt*

Even regulators have taken to using the phrase “window dressing” to describe Wall Street banks’ habit of reducing their short-term borrowings for a few days around the end of each quarter, in order to make themselves look less risky than they really are.

Window dressing is too benign a term. What banks, led by Lehman Brothers, but also including Bank of America and Citigroup, have been doing is much worse than simply dressing up their finest wares in the shop–front window. It is more like finding an Oscar de la Renta dress in the window of a Wal–Mart. It is misleading, and often deliberately so.

Wall Street's apologists argue that there are lots of operational reasons why short–term borrowings, which are volatile, might fall at the quarter–end, but they don't add up to a full explanation. According to one analysis, broker–dealers report debts that are an average of 42 per cent below their peak in the quarter.

Now the Securities & Exchange Commission is proposing new rules that would make it harder for banks and other financial institutions to get away with the practice. Quarterly reports will have to include a number for the average short–term debt level over the period, not just a number for whatever level the traders and accountants have managed to get debt down to on reporting day.

One of the lessons of the credit crisis is that short–term borrowings are wont to evaporate in a panic, so measuring them accurately is vital for investors who want to assess how risky their investment might be. They will also play an increasing role in regulators' assessments of banks, now that liquidity rules have moved to the top of the international agenda.

（*The Independent*, 18 September, 2010）

例 7 中经验导向的商业术语"*window dressing debt*"是意义识解的难点，对不熟悉这个领域语言的读者形成理解障碍。只有准确识别语篇内外潜在的语境线索并激活内隐的语境知识框架，才能使语篇的连贯性得以实现。对“*window dressing debt*”语境化释义的解析有赖于认知语境线索链模式对商业术语的来源构成与语篇中描述的实际对象之间的联系进行建构和对意义识解过程的思维路径作出描述，并系统地揭示语篇意义生成的理据。阐述如表 5-7 所示。

表 5-7 经验导向的商业术语“window dressing debt”语境化意义识解的思维路径

触发性语境线索	触发的商务现象框架及其他经验框架	推导得出的假设
线索 1 “reducing their short-term borrowings” “make themselves look less risky”	框架 1 激活了华尔街银行暂时隐藏债务的欺瞒行为框架。根据 2017 年 9 月 18 日在 infiniteunknown.net 上发布的文章“Wall Street’s Habit of ‘Window Dressing’ Isn’t Illegal — It’s Just Wrong”，在每个财政季度末，上市银行必须向公众报告损益情况，但他们会故意避免提及一些债务，而把它们留到下个季度中，写进更完整的一套财务数据里，但这套数据不会向公众披露。在下个季度末，当银行再次被要求披露业绩数据时，他们用同样的方式再次使一些债务数据躲过公众视线	假设 1 华尔街银行有意编排财务细节，以便让资产负债表营造最佳印象
线索 2 “window dressing”	框架 2 激活了在商店橱窗里摆放产品以吸引顾客的经验框架，例如给假人模特穿上衣服	假设 2 为了吸引顾客，商店通常把最好的商品陈列出来。例如服装店铺在橱窗的展示陈列中，会选择当季比较受欢迎的服装款式，因为能够得到客人的共鸣

续表

触发性语境线索	触发的商务现象框架及其他经验框架	推导得出的假设
		假设 3 （由假设 1 和假设 2 共同推导得出） 通过粉饰财务报表，银行实际上是在向公众隐瞒一些债务数据，以便给投资者和监管机构留下业绩良好的印象

在上述思维路径中，相关线索可以触发相关商务事件及经验框架，并推导得出假设（假设 1，假设 2，……，假设 n），推导得出的假设又可以成为新的已知线索参与下一轮推理过程，这样环环相扣就构成最终推导出语篇意义的语境线索链。经以上分析，商业术语的来源构成与语篇中描述的实际对象之间的联系得以建构，"*window dressing debt*"在文中的语境化意义可识解为：

When banks go window dressing, they, like women applying makeup, try to look better — by fudging figures so that numbers in the account book look better to the public eye. In other words, they are cooking the books. By window dressing debt, they are essentially concealing some debt figures from the public view to give the best possible impression on investors and regulators.

译文：当银行粉饰账目时，它们就像女性化妆一样，试图让自己看起来更好——通过编排数据，让账簿上的数字在公众眼中看起来更好。换句话说，他们在做假账。通过粉饰债务，它们实际上是在公众视野之外隐藏了一些债务数据，以尽可能给投资者和监管机构留下最好的印象。

【8】

"We like to buy what we call '*fallen angels*'. We're looking for a company that has hit a bump in the road, or their industry is out of favor. We try to buy not only cheap stocks, but great companies, with the view of holding them for years."

（Warren Buffett's annual letter to Berkshire Hathaway shareholders 2010）

例 8 中文化导向的商业术语 "*fallen angels*" 是意义识解的难点，对不熟悉这个领域语言的读者形成理解障碍。只有准确识别语篇内外潜在的语境线索并激活内隐的语境知识框架，才能使语篇的连贯性得以实现。对 "*fallen angels*" 语境化释义的解析有赖于认知语境线索链模式对商业术语的文化渊源与语篇中描述的实际对象之间的联系进行建构和对意义识解过程的思维路径作出描述，并系统地揭示语篇意义生成的理据。阐述如表 5-8 所示。

表 5-8　文化导向的商业术语"fallen angels"语境化意义识解的思维路径

触发性语境线索	触发的商务现象框架及其他知识框架	推导得出的假设
线索 1 "hit a bump in the road"	框架 1 激活了汽车撞击减速带或其他障碍物的经验框架。减速带是使路面稍微拱起以达到车辆减速目的的安全设置，一般设置在公路道口、学校、住宅区入口等需要车辆减速慢行的路段和容易引发交通事故的路段	假设 1 由于车辆撞击减速带时有强烈的颠簸感，司机不得不踩刹车并减速。当一个公司被比作撞到减速带的汽车时，它正经受着颠簸并不得不减速。换句话说，在这个时候，公司不能像以前那样快速、平稳地向前发展

续表

触发性语境线索	触发的商务现象框架及其他知识框架	推导得出的假设
线索 2 “fallen angels”	框架 2 激活了基督教中“堕落天使”的知识框架。天使指在天堂和上帝一起生活的神仙。天使拥有出众的智力和巨大的力量，而且非常神圣。尽管天使是神圣的，他们也会犯错或者作恶。这些犯错的天使被称作堕落天使，因为上帝把他们赶出了天堂，就像他把亚当和夏娃赶出伊甸园一样	假设 2 堕落天使曾经是好人，是英雄，但因犯下错误，现在处在艰难时期
		假设 3 （由假设 1 和假设 2 共同推导得出） “堕落天使”指的是现在股票价格较低的公司，不过股价低可能只是暂时的。这些公司是好公司，大多数时候记录和业绩都很可靠，但是最近陷入困境，可能是低迷的宏观环境导致它们的经营业绩下滑，因此成为“堕落天使”。但只要给予时间和机会，挺过这个难关，可能一切就会雨过天晴

在上述思维路径中，相关线索可以触发相关商务及文化框架，并推导得出假设（假设 1，假设 2，……，假设 n），推导得出的假设又可以成为新的已知线索参与下一轮推理过程，这样环环相扣就构成最终推导出语篇意义的语境线索链。经以上分析，商业术语的文化渊源与语篇中描述的实际对象之间的联系得以建构，“*fallen angels*”在文中的语境化意义可识解为：

“Fallen angels” refer to companies whose stocks are currently low in price, but perhaps only temporarily. These companies are good companies with solid records and performances most of the time but have recently fallen on hard times — hence fallen angels.

译文："堕落天使"指的是股价目前处于低位的公司，但这可能只是暂时的。这些公司大部分时间都有良好的记录和稳定的业绩，但最近陷入了困境——因此成为堕落天使。

【9】

Headline: 10 Stocks Being Chased By the *Smart Money*

（investorguide.com, February 28, 2017）

例 9 中文化导向的商业术语"*Smart Money*"是意义识解的难点，对不熟悉这个领域语言的读者形成理解障碍。只有准确识别语篇内外潜在的语境线索并激活内隐的语境知识框架，才能使语篇的连贯性得以实现。对"*Smart Money*"语境化释义的解析有赖于认知语境线索链模式对商业术语的文化渊源与语篇中描述的实际对象之间的联系进行建构和对意义识解过程的思维路径作出描述，并系统地揭示语篇意义生成的理据。阐述如表 5-9 所示。

表 5-9　文化导向的商业术语"Smart Money"语境化意义识解的思维路径

触发性语境线索	触发的商务框架及其他知识框架	推导得出的假设
线索 1 "stocks"	框架 1 "stocks"激活了股票市场的投资框架。股票市场使人们有可能将最初的小额资金增长为巨额资金，并在不冒创业风险或不为高薪职业作出牺牲的情况下变得富有。股票市场允许投资者参与其所持股份公司的业绩分红	假设 1 当公司盈利时，投资者通过公司支付的股息和出售升值的股票获利。不利的一面是，如果持有股票的公司亏损，股票价格下跌，投资者亏本出售股票，投资者可能会赔钱

续表

触发性语境线索	触发的商务框架及其他知识框架	推导得出的假设
线索 2 “smart money”	框架 2 “smart money” 激活了赌博术语的知识框架，最初指的是赌徒在被认为最有可能赢得比赛的马身上下注的钱。这些赌徒要么是行业内的专家，长期跟踪赛马，并确切知道某些马赢了多少比赛，输了多少比赛，等等，要么他们有大多数公众都不知道的“内幕消息”。例如，当地黑手党可能买通了最受欢迎的马的主人，让他举办一场比赛。在这种情况下，尽管根据过去的表现，这匹马被认为是胜算最大的一匹马，但这一次，它不可能获胜	假设 2 在商业投资方面，如果说 “the smart money is on something”，意思是投资它是明智的。例如，据说目前明智的投资是投向可再生能源，如太阳能和风能。因此，大量资金被投资于这些企业，而不是煤炭和石油等传统能源
		假设 3 （由假设 1 和假设 2 共同推导得出） 明智的投资者目前正在购买标题中提到的 10 只股票。对他们来说，这 10 只股票在不久的将来有着最好的增长前景。换句话说，它们是最受投资者青睐的赚钱工具

在上述思维路径中，相关线索可以触发相关商务及知识框架，并推导得出假设（假设 1，假设 2，……，假设 n），推导得出的假设又可以成为新的已知线索参与下一轮推理过程，这样环环相扣就构成最终推导出语篇意义的语境线索链。经以上分析，商业术语的文化渊源与语篇中描述的实际对象之间的联系得以建构，“*smart money*”在文中的语境化意义可识解为：

“Smart money” refers to the money from the smart people, wise investors. Put another way, wise investors are currently buying shares of the 10 stocks mentioned in the headline. To them, wise investors that is, these 10 stocks enjoy the best prospects for growth in the near future. In other words, they are most favored to make money for investors. If you are wise, therefore, you should do likewise — invest in these stocks.

译文："smart money" 指来自聪明人和聪明投资者的钱。换言之，明智的投资者目前正在购买标题中提到的 10 只股票中的股票。对他们，也就是明智的投资者来说，这 10 只股票在不久的将来享有最好的增长前景。换句话说，这 10 只股票是最受青睐、最能为投资者赚钱的选择。因此，如果你是明智的，你也应该这样做——投资这些股票。

5.2.3 特定事件关联性语词的语境化意义识解机制

商务英语新闻语篇的内容不能脱离具体的政治、经济或社会背景事件，要理解特定事件关联性语词，首先要调查特定事件的背景信息。要识解语篇中特定事件关联性语词的语境化意义，我们需要在语篇内外寻找语境线索，以触发相关事件的知识框架，作为背景信息或提示。关键步骤是根据相关线索激活相关事件框架，从而推导出有助于特定事件关联性语词语境化意义识解的假设。下面的例子将认知语境线索链模式的意义识解机制应用于解决商务英语新闻语篇中特定事件关联性语词的语境化意义识解问题，展示了特定事件关联性语词语境化意义获取的分析流程和思维路径。

【10】

Headline: Obamacare could free workers from "*job lock*"

（MSN.com, September 6, 2013）

例 10 中的政治经济事件关联性语词“*job lock*”是意义识解的难点，对不熟悉背景事件的读者形成信息阻断。只有提取语篇内外潜在的语境线索并激活内隐的背景事件框架，才能对空缺的意义进行补缺。对“*job lock*”语境化释义的解析有赖于认知语境线索链模式对背景事件与篇内语词之间的联系进行建构，并对意义识解过程的思维路径作出描述，以达到系统地揭示文本意义生成的理据。阐述如表 5–10 所示。

表 5–10　政治经济事件关联性语词“job lock”语境化意义识解的思维路径

触发性语境线索	触发的政治经济事件框架	推导得出的假设
线索 1 “Obamacare”	框架 1 “奥巴马医改”激活了《平价医疗法案》（ACA）的政治经济事件框架。《平价医疗法案》由奥巴马总统于 2010 年 3 月 23 日率先签署成为法律。根据 2015 年 2 月 17 日刊登在 America.aljazeera.com 上的一篇题为“‘Obamacare’ is transforming the job market”的文章，ACA 让人们可以选择通过交易所购买保险，或者在某些条件下通过医疗补助计划获得保险，这意味着他们不必为了从雇主那里获得医疗保险而做全职工作	假设 1 保险市场的这种变化给了工人更多的工作自由。研究表明，由于这种新的自由，劳动力市场发生了重要的变化。例如，许多父母会选择兼职工作或暂时离开就业市场，以便有更多时间和孩子在一起；一些人会辞掉工作去创业；许多健康状况不佳的老年人可能会利用这个机会，在他们有资格享受医疗保险之前提前退休
线索 2 “job lock”	框架 2 “工作锁定”激活了这样一种社会现象框架：工人们感到被困在他们不喜欢或不适合的工作中，因为他们需要从雇主那里获得医疗保险。根据 2012 年 7 月 19 日在 newyorker.com 上发表的文章“Can Obamacare set Americans free?”，一名工人留在工作岗位是因为这是他能指望为自己或家人获得医疗保险的唯一途径	假设 2 结果，工人们留在了没有充分利用他们的技能或没有给他们晋升机会的工作岗位上。对保险的需求也使得工人们无法尝试自己创业或从事兼职工作，以便有更多时间与家人在一起

续表

触发性语境线索	触发的政治经济事件框架	推导得出的假设
		假设 3 （由假设 1 和假设 2 共同推导得出） 自从《平价医疗法案》生效以来，许多工人利用这个机会在工作之外获得保险，并将自己从与健康保险相关的工作锁定中解放出来

在上述思维路径中，相关线索可以触发相关政治经济事件框架，并推导得出假设（假设 1，假设 2，……，假设 n），推导得出的假设又可以成为新的已知线索参与下一轮推理过程，这样环环相扣就构成最终推导出语篇意义的语境线索链。经以上分析，背景事件与语词之间的联系得以建构，“*job lock*”在文中的语境化意义可识解为：

With the implementation of ACA, there is evidence that the health insurance reform law is giving workers more freedom to find a job that fits their needs. Many workers take advantage of the opportunity to get insurance outside of employment and free themselves from health-insurance-related job lock. According to the article “Will Obamacare end ‘job lock’?” posted on latimes.com on April 11, 2016, many parents are choosing to spend more time with their kids now that they have the option to buy healthcare insurance on the exchanges. There is also evidence of an increase in the number of people choosing to start their own business since the ACA allows them to feel secure enough in their financial situation to scratch an entrepreneurial itch. In a word, in a context where jobs are becoming less stable over time, the security provided by the ACA is sure to grow in importance.

译文：随着《平价医疗法案》的实施，有证据表明，医疗保险改革法赋予工人更多的自由，让他们可以找到符合自己需求的工作。许多工人利用这个机会在工作之外获得保险，将自己从与健康保险相关的工作锁定中解放出来。根据 2016 年 4 月 11 日发布在 latimes.com 上的文章《奥巴马医改会结束"工作锁定"吗？》，许多父母选择花更多的时间陪伴孩子，因为他们可以选择在交易所购买医疗保险。还有证据表明，选择自己创业的人数有所增加，因为《平价医疗法案》让他们在财务状况上有足够的安全感，可以缓解创业之痒。总之，随着时间的推移，工作变得越来越不稳定，《平价医疗法案》提供的安全保障肯定会变得越来越重要。

【11】

Apple's newest CEO has a tough act to follow. But in turning to chief operating officer Tim Cook to replace Steve Jobs in the wake of the latter's resignation Wednesday, Apple's board of directors has chosen a familiar face with a *proven track record* with the company.

(Apple turns to Tim Cook to replace Steve Jobs, MacWorld.com, August 24, 2011.)

例 11 中的经济事件关联性语词"*proven track record*"是意义识解的难点，对不熟悉背景事件的读者形成信息阻断。只有提取语篇内外潜在的语境线索并激活内隐的背景事件框架，才能对空缺的意义进行补缺。对"*proven track record*"语境化释义的解析有赖于认知语境线索链模式对背景事件与篇内语词之间的联系进行建构，并对意义识解过程的思维路径作出描述，以达到系统地揭示文本意义生成的理据。阐述如表 5-11 所示。

表 5-11　经济事件关联性语词“proven track record”语境化意义识解的思维路径

触发性语境线索	触发的商务事件框架	推导得出的假设
线索 1 “a tough act to follow”	框架 1 触发了苹果公司曾经的掌舵人史蒂夫·乔布斯和他的苹果王国的商务事件框架。乔布斯非凡的远见卓识和领导能力拯救了苹果公司，并领导其成为世界上最具创新力和价值的科技公司	假设 1 对于继任者来说，很难再复制以往乔布斯给世界带来的惊喜和轰动
线索 2 “a familiar face”	框架 2 触发了库克在接替乔布斯成为苹果公司 CEO 之前，已为苹果服务了 13 年的商务事件框架。库克曾长期担任苹果公司首席运营官，并且在乔布斯因病休假期间，三次暂代 CEO 职位，管理苹果公司的日常运营	
线索 3 “track record”	框架 3 触发了“track record”的意义框架，指个人或组织的成绩或业绩记录	
线索 4 “proven”	框架 4 触发了某人在其职业生涯中拥有良好履历和出色业绩记录的框架	假设 2 （由框架 2、3、4 共同推导得出） 凭借出色的运营天赋，库克在服务苹果公司的 13 年里硕果累累，为苹果公司崛起的辉煌战绩立下了汗马功劳。苹果公司董事会主席阿特·莱文森曾公开表示：“董事会完全相信，蒂姆是我们下任首席执行官的合适人选。蒂姆在苹果公司 13 年来表现出色，他做的每一件事都展示了其非凡的才华和合理的判断力。”

续表

触发性语境线索	触发的商务事件框架	推导得出的假设
		假设 3 （由假设 1、2 共同推导得出） 库克十多年来对苹果公司日常运营无与伦比的专注和奉献赢得了乔布斯和苹果公司董事会的信任，在他们眼中，作为首席运营官和现在的苹果公司首席执行官，世界上没有比库克更好的人选了

在上述思维路径中，相关线索可以触发相关商务事件框架，并推导得出假设（假设 1，假设 2，……，假设 n），推导得出的假设又可以成为新的已知线索参与下一轮推理过程，这样环环相扣就构成最终推导出语篇意义的语境线索链。经以上分析，背景事件与语词之间的联系得以建构，“*proven track record*”在文中的语境化意义可识解为：

Before being named CEO in August 2011, Cook has been a senior figure at Apple as the company's chief operating officer for more than a decade. Joining Apple in the late 1990s and given the task of turning around the fortunes of the company, which was on the brink of collapse at the time, he made some drastic yet highly effective decisions. Although he remains largely unknown by the public, overshadowed by his high-profile boss, his expertise in logistics and operations has been credited as one of the crucial elements that has allowed the company to soar on the back of the iPhone and iPod. Cook has managed Apple's employees, partners, vendors and everything else during its over-a-decade renaissance and has been acting as a CEO on and off for years while Jobs has stepped aside. Notorious for being a hard worker who sleeps little, Cook oversees day-to-day operations with a focus and dedication that insiders say is almost unparalleled. All of these have won him the trust of Jobs and Apple's board of directors, and in their eyes, there is no better candidate than Cook in the world for being the COO and now CEO of Apple.

译文：在 2011 年 8 月被任命为首席执行官之前，库克已经在苹果公司担任首席运营官十多年了。他于 20 世纪 90 年代末加入苹果公司，肩负着扭转公司命运的任务，当时公司正处于濒临倒闭的边缘，他做出了一些激烈而高效的决定。尽管他在很大程度上仍然不为公众所知，被他高调的老板盖过了风头，但他在物流和运营方面的专长一直被认为是苹果公司在 iPhone 和 iPod 的支持下腾飞的关键因素之一。在苹果复兴的十多年里，库克管理着苹果公司的员工、合作伙伴、供应商和其他一切，在乔布斯卸任后的几年里，库克断断续续地担任首席执行官一职。库克以工作努力、睡眠少而闻名，他以专注和奉献的精神监督日常运营，业内人士称这几乎是无与伦比的。所有这些都为他赢得了乔布斯和苹果公司董事会的信任，在他们看来，库克是担任苹果公司首席运营官和现任首席执行官的最佳人选。

【12】

Headline: *Soul-searching* in China as bystanders ignore woman being attacked in hotel

（TheGuardian.com, April 8, 2016）

例 12 中的社会事件关联性语词“*Soul-searching*”是意义识解的难点，

对不熟悉背景事件的读者形成信息阻断。只有提取语篇内外潜在的语境线索并激活内隐的背景事件框架，才能对空缺的意义进行补缺。对“*Soul-searching*”语境化释义的解析有赖于认知语境线索链模式对背景事件与篇内语词之间的联系进行建构，并对意义识解过程的思维路径作出描述，以达到系统地揭示文本意义生成的理据。阐述如表 5–12 所示。

表 5–12　社会事件关联性语词“Soul-searching”语境化意义识解的思维路径

触发性语境线索	触发的社会事件框架	推导得出的假设
线索 1 “bystanders ignore woman being attacked in hotel”	框架 1 触发了在中国引发轩然大波的北京和颐酒店女性遇袭事件的社会事件框架。2016 年 4 月 3 日，北京一家酒店的监控录像记录下了可怕的一幕：一名年轻女子在酒店遭陌生男子尾随挟持、强行拖拽、掐脖……整个过程持续 6 分钟。安保、酒店工作人员未阻止，保洁人员只是看着，多人围观，直到一名酒店女客人出手相救，该女子才跑到安全的地方。这段视频迅速成了微博上的热门话题，有 2.73 亿的浏览量和 250 万的讨论。一名用户写道：“作为一名男性，我看到这件事感到非常害怕。但真正可怕的是，人们看到了这一切却保持沉默！”	假设 1 这段令人震惊的视频引发了对女性暴力行为和旁观者角色的激烈讨论。许多人对这起袭击事件感到愤怒，并对酒店工作人员未能干预和帮助该女子表示怀疑
线索 2 “soul”	框架 2 激活了一个人精神层面的框架，与人的肉体分离开来。灵魂被认为是一个人的感觉和情绪，特别是道德判断的所在地。我们可以认为灵魂是最深刻的，它使我们成为人类。有时我们认为大脑是推理的器官，而心脏负责情感。实际上，灵魂比两者都更深刻，它最终对我们的行为和反应负责	假设 2 我们得找到我们的灵魂在哪里，这就是自我反省的意义，让我们认真思考我们是谁，我们代表什么等

续表

触发性语境线索	触发的社会事件框架	推导得出的假设
		假设3 （由假设1、2共同推导得出） 事件过后人们会提出一些尖锐的问题进行仔细的自我检查和分析，比如如此可怕的事情居然会发生在公共场所，更令人愤怒的是，旁观者竟然不加干预地离开了现场。人们会对为什么会发生这样的事情进行自我反省、自我批评

在上述思维路径中，相关线索可以触发相关商务事件框架，并推导得出假设（假设1，假设2，……，假设n），推导得出的假设又可以成为新的已知线索参与下一轮推理过程，这样环环相扣就构成最终推导出语篇意义的语境线索链。经以上分析，背景事件与语词之间的联系得以建构，"*Soul-searching*"在文中的语境化意义可识解为：

After security video footage of a woman being attacked in a hotel is aired, people everywhere were outraged that such a terrible thing could happen in a public place and, more outrageously, that the first passersby would leave the scene without intervening. Afterwards, there is the soul-searching, asking hard questions as to why things like that happen at all. Soul-searching, in short, is a close self-examination and analysis after something has gone wrong. Or, in Chinese parley, it is self-criticism. " Searching" implies that we may have lost it, and therefore have to relocate it.

译文：一名女子在酒店遭到袭击的监控视频片段播出后，各地的人们都对在公共场所居然发生如此可怕的事情感到愤怒，更令人愤慨的是，第一批路人竟然没有干预就离开了现场。事件过后人们会提出一些尖锐的问题进行仔细的自我检查和剖析。人们会对为什么会发生这样的事情进行自我反省、自我批评。“搜索”意味着我们可能已经失去了它（灵魂），因此必须重新找回来。

5.2.4 结论

这部分运用认知语境线索链模式来解决商务英语新闻语篇中的三个语境化意义识解难点问题，包括认知隐喻、商业术语和特定事件关联性语词。上述实例分析揭示了认知语境线索链模式的意义识解机制应遵循的一些规律，其理论表征可归纳如下：

根据认知语境线索链模式的意义识解机制，只有读者在认知实践中识别出语篇内外的语境因素，才能将其视为语境线索；语境线索激活了相关的知识框架，这些知识框架本质上是读者在其认知中对世界的认识；假设可以从知识框架中推导出来，从前面的推理过程中推导出来的假设构成一个立即给定的新线索，可以添加到推理过程的下一步，从而形成一个连贯的线索链。语境线索链就像一个延伸的意义网络，网络中的节点触发隐含的框架，调取必要的语境信息，使语篇意义具有完整性和连贯性。

5.3 商务英语新闻语篇中的语境线索及其功能

通过分析商务英语新闻语篇中的典型例子，解决不同的语境化意义识解难点问题，可以发现归纳一些潜在的语境线索。对商务英语新闻语篇内外潜在的语境线索表现形式进行类化和定性概括，并分析其功能，有助于进一步为认知语境线索链模式的构建增添新内容，使其在具体应用中更具可操作性。

5.3.1 词汇的语境线索功能

词汇是语境线索的一种形式。尽管学者们已经意识到，实际使用的词汇对于激活知识框架、理解经验意义、解读语篇的信息内容甚至人际意义都至关重要（Jespersen，1937；Gumperz，1982；程雨民，1990），但关于如何在词汇线索的指引下实现语篇的语境化意义识解，还没有深入的讨论。事实上，词汇本身具有触发功能，被感知识别并用于帮助语境化意义识解的词汇被视为语境线索。实际上，许多语言学家已经注意到词汇作为语境线索的作用：列文森（1986）提出的13种作为预设触发的语言形式，其中词汇占很大比例；布莱克摩尔（1992）的由概念表征激活知识框架的观点；谢夫林（1987）对话语标记语的研究；斯珀伯和威尔逊（2001）的假设，即每个概念都由一个标签或地址组成，在这个标签或地址下可以存储和检索各种类型的信息。虽然使用的术语不同，但总的来说，它们都属于词汇的范畴。布朗和约尔（Brown，Yule，1983：79-81）使用日常生活中的一个例子来说明词汇作为语境线索的作用：当人们在节目进行到一半时打开电视或收音机，他们仍然可以从节目的主题、内容和参与者中推断出接下来的内容。用于推理的线索基本上是话语中的某些词汇。中国学者任绍曾（2003）专门对词汇语境线索与语篇理解进行了研究，他指出，在语言学中，结构主义者使用语法手段作为形式标记来研究句法结构，而心理语言学家使用语调、重音等话语特征作为语境线索来获取说话者意图、态度等人际意义。然而，言语交际主要是建立在语言基础上的，如果不理解词汇，就不可能理解话语的信息内容。在难以获得直接信息的情况下，词汇语境线索是不可或缺的。他认为，对语篇的理解依赖于词汇语境线索，而词汇语境线索触发的心理图式是推理的框架。在实际交际中，借助词汇语境线索激活相关语境信息的例子并不少见。在单句理解中，词汇作为语境线索可以解决歧义、看似不恰当的搭配、意义过于笼统、临时单词组合和新词等问题。在较长语篇中，各种词可以形成一条语境线索链，它们各自激活的语境信息相互联系、相互制约，从而得出理解语篇意义的框架。

接下来的部分旨在说明在认知语境线索链模式中，词汇作为语境线索在商务英语新闻语篇意义识解机制中的作用。

【13】

Dell acquires Quest, offers VDI shops "*one throat to choke*"

Dell will pay $2.4 billion for Quest Software and get much more than desktop virtualization software. Long-term, it could lower the cost of VDI.

One big problem that IT pros have with VDI is that it requires many different components from various vendors. Dell's acquisition of Quest Software this week gives the hardware giant a way to deliver nearly all the components of a virtual desktop infrastructure.

Dell ended the bidding war for Quest Software Inc. that began in March with its offer to pay $2.4 billion for the software company on Monday, following an earlier bid against Insight Venture Partners in early June. The transaction is expected to close in Q3.

This marks Dell's second strategic acquisition this year in an attempt to be a one-stop shop for virtual desktop infrastructure (VDI). Some analysts said it could have an industry–wide impact.

Dell can now offer the client–side products it recently acquired from Wyse Technology Inc. along with Quest's host–side virtual desktop software, vWorkspace.

"Putting those two things together, along with what Dell already has, and they really can create a full–packaged solution," said Gunnar Berger, a desktop virtualization analyst for Gartner Inc., a research firm based in Stamford, Conn.

That is Dell's plan. The company said during an interview last week that it now offers everything a virtual desktop customer would need—PowerEdge servers, EquaLogic storage, PowerConnect networking, Wyse thin clients, and now Quest vWorkspace software.

"Customers can look to us as *one throat to choke*," said Jeff McNaught, Dell Wyse's chief strategy officer.

（Chinadaily.com.cn, July 25, 2012）

上例中的隐喻性表达"*one throat to choke*"是意义识解的难点，按字面理解显然无法建构语篇的连贯，只有准确识别语境线索并激活内隐的语境知识框架，调用所需的知识，才能使语篇的连贯性得以实现。对"*one throat to choke*"语境化意义的辨析有赖于语篇内商务知识框架触发性词汇作为语境线索，并对其意义引导和提示路径作出描述，才能给予连贯性释义。描述如表 5–13 所示。

表 5-13　词汇语境线索引导下“one throat to choke”语境化意义识解的思维路径

触发性语境线索	触发的商务知识框架及其他经验框架	推导得出的假设
线索词 1 “acquire”	商务知识框架 1 有关“公司收购”这一经济行为的知识框架： 一个公司通过产权交易取得其他公司一定程度的控制权，以实现一定经济目标的经济行为	假设 1 Dell 公司收购 Quest 以后拥有了对 Quest 及其旗下产品的所有权
线索词 2 “a one-stop shop” “a full-packaged solution”	商务知识框架 2 有关“一站式采购”这一商业模式的知识框架： 公司为客户提供全方位、多渠道的采购平台，集合了众多供应商，让顾客享受到一次性完成或一步到位的便捷，不再需要东奔西走	假设 2 （由框架 2 和假设 1 共同推导得出） 收购 Quest 以后，Dell 公司已经可以成套提供组装 VDI 的所有组件，这就意味着 IT 人士在安装 VDI 时，可以直接在 Dell 公司享受“一站式采购”，而不再需要向众多不同的供应商购买不同的组件
线索 3 日常购买经验及场景	经验框架 3 当顾客对购买的商品不满意时，他们会非常生卖家的气，甚至说：“我真想掐他的脖子！”	假设 3 （由框架 3 和假设 2 共同推导得出） 从前，当组装起来的 VDI 质量出现问题时，顾客甚至不知该找谁投诉，因为各种组件是向众多不同的供应商购买的。而现在，Dell 公司提供“一站式”采购及成套服务，如果顾客对产品质量不满意，他们将有一个统一的目标发泄他们的愤怒，那就是 Dell 公司

在上例中，一系列触发性词汇或词组“acquire”“one-stop shop”“a full-package solution”等被识别为语境线索词，与激活的商务知识框架、其他经验框架和推导出的假设一起，一步步构成线索链，通向“*one throat to choke*”的语境化含义。经以上分析，“*one throat to choke*”在文中的语境化意义可识解为：

Now that Dell has acquired Quest, it now offers everything a virtual desktop customer would need. That means customers can come to Dell and get everything instead of having to go to many different vendors to buy different components. Hence, Dell's customers can look at the computer giant as the “one throat to choke”. In other words, if any customer is unhappy, they will have a single target to take out their anger on, and that one vendor is Dell.

译文：现在戴尔公司已经收购了 Quest，可以提供虚拟桌面用户所需要的一切。这意味着客户可以从戴尔公司那里实现“一站式”采购及获得成套服务，而不必去许多不同的供应商那里购买不同的组件。因此，戴尔公司的客户可以把这家电脑巨头视为“单一供应商（一包到底）”。换句话说，如果任何客户不满意，他们将有单一的发泄愤怒的目标，而这个目标就是戴尔公司。

【14】

Why America has to get off coal

One of the frightening new realities in Washington is that many strongly held policy positions are built on untruths. One of the most persistent untruths is that we can't afford to move away from coal-powered electricity.

The truth is, we can't afford not to quit coal. The cost consumers pay for power does not reflect the true cost of burning coal. Pollution from coal triggers asthma attacks, a disease that affects 20 million Americans and burdens our health care system. The toxic mercury released from old, outdated coal plants is the single biggest source of mercury emissions in America, making it a potential source of harm to pregnant women and children.

Each year, the soot emanating from coal-fired power plants kills an estimated 13,000 Americans prematurely, and is responsible for an astonishing $100 billion in health costs. These involve costs that consumers pay as well — in their health insurance bills, in the Medicare and Medicaid costs that are breaking our budget, in lost productivity, and in the suffering that they and their children bear.

We can curb our addiction to coal — not in some distant time in the future, but here and now. Coal supplies just 45% of the electricity in the United States, according to the U.S. Energy Information Administration. It is technologically and economically realistic to eliminate coal's contribution to the electric sector by 2030.

Iowa already gets 15% of its power from wind. The energy company Xcel, in Colorado, will soon get 30% of its electricity from clean energy. Even the NFL is getting into the act — the Redskins' Stadium, FedEx Field, will soon be powered by solar, a technology increasingly affordable and efficient. And, when extracted responsibly, natural gas can complement these clean sources and is cheaper than coal.

To build a coal-fired power plant that doesn't emit pollution is so expensive that it's cheaper to do clean energy— which is why America has almost completely stopped building new coal-fired power plants.

Coal is also not *the bargain for jobs* that it's made out to be. The wind industry alone already provides more jobs than the coal mining industry does for miners. America's 2.7 million workers in the clean-tech sector earn 13% more than the median U.S. wage.

A natural gas-fired power plant creates as many jobs as a coal-fired power plant. A wind farm creates far more jobs.

…

Ending our reliance on coal will clean our air, improve our health, create jobs, and expand our economy. That's a reality that America has to act on — town by town, power plant by power plant. The fact that Washington is at a standstill doesn't mean that America has to be, because this is a fight that we can win at the local level.

（CNN.com, July 29, 2011）

上例中的隐喻性表达"*the bargain for jobs*"是意义识解的难点，按字面理解显然无法建构语篇的连贯性，只有准确识别语境线索并激活内隐的语境知识框架，调用所需的知识，才能使语篇的连贯性得以实现。对"*the bargain for jobs*"语境化意义的辨析有赖于语篇内商务知识框架及其他经验框架触发性词汇作为语境线索，并对其意义引导和提示路径作出描述，才能给予连贯性释义。描述如表 5-14 所示。

表 5-14 词汇语境线索引导下“the bargain for jobs”语境化意义识解的思维路径

触发性语境线索	触发的主题框架及其他经验框架	推导得出的假设
线索词 1 “get off”	主题框架 1 激活了语篇的主题框架：美国必须逃离煤炭的危险和破坏。曾利沙（1994）指出，主题句通常含有揭示段落中心意思的提示性词语或短语，它们是段落发展的“控制意思”。根据曾利沙（2006）的观点，任何语篇都应该向读者呈现一个特定的主题，这个主题以抽象和概括的形式显性或隐性地存在于语篇中。在语篇生成过程中，主题一旦确立，就会围绕特定的中心产生一种认知逻辑导向，它将在语篇的线性发展中得到全面、多层次的发展和清晰的呈现。因此可以说，语篇的生成受到主题的限制	假设 1 鉴于“美国必须摆脱煤炭”这一主题的“统摄”功能（曾利沙，2012），语篇的以下段落应围绕中心，提供充分的证据来论证这一主题
线索词 2 “truth”	框架 2 激活了围绕语篇主题的论据框架。下面的段落倾向于用具体的例子来阐明和深化抽象或概括性的主题。“概括—明晰”导向的段落发展必然围绕特定的主题内容展开，因此具有内在的“认知逻辑规律”（曾利沙，1994）。为了说明“真相”并支持这一主题，所举的具体例子包括：煤炭造成的致命污染、高昂的健康成本，可行的清洁能源替代方案。列举的具体例子应该由主题来统摄，即作者的意图与语篇的内容、结构和语言之间存在关联和制约（曾利沙，2005）	假设 2 以“Coal is also not the bargain for jobs that it’s made out to be”为主题句的段落必定阐述了另一论证主题的论据

续表

触发性语境线索	触发的主题框架及其他经验框架	推导得出的假设
线索词 3 “bargain”	经验框架 3 “便宜货”激活了我们日常生活中购买经验的体验框架：便宜货是指以低于正常价格购买的商品。例如，如果所有人都以50美元一个的价格买了那个手提包，而你以30美元的价格买了一个，你就买到了便宜货	假设 3 曾经煤炭行业被视为一个创造就业机会的行业，因为它需要很多人手从事体力劳动。如今，有了更先进的技术和自动化设备，煤矿开采不再需要那么多人。此外，煤矿工人在过去可能赚了不少钱，但现在情况已经不同了，替代能源和清洁能源行业，如核能和风能，雇用更多的人，薪水也更高
		假设 4 （由假设 1、2、3 共同推导得出） 煤炭的生产并不便宜，因为它造成的致命污染会导致高昂的医疗成本，而且煤炭行业不再像人们认为的那样创造出很多高薪的工作岗位

在上例中，一系列触发性词汇或词组“get off”“truth”“bargain”等被识别为语境线索词，与激活的主题框架、其他经验框架和推导出的假设一起，一步步构成线索链，通向“*the bargain for jobs*”的语境化含义。经以上分析，“Coal is also not *the bargain for jobs* that it’s made out to be”在文中的语境化意义可识解为：

Coal isn't cheap to produce because it causes high health costs and doesn't create as many well-paying jobs as people think it does.

译文：煤炭的生产成本并不低，因为它会导致高昂的医疗成本，而且不会像人们想象的那样创造出那么多高薪的工作岗位。

【15】

A: Most retail businesses didn't report an increase in profits compared with the same period last year.

B: It's not surprising at all. Caught between inflation, wage freezes and job insecurity, shoppers are *running up the white flag on spending*.

（Shenzhen Daily, January 16, 2017）

上例中的隐喻性表达"*running up the white flag on spending*"是意义识解的难点，按字面理解显然无法建构语篇的连贯，只有准确识别语境线索并激活内隐的语境知识框架，调用所需的知识，才能使语篇的连贯性得以实现。对"*running up the white flag on spending*"语境化意义的辨析有赖于语篇内商务现象框架及其他知识框架触发性词汇作为语境线索，并对其意义引导和提示路径作出描述，才能给予连贯性释义。描述如表 5-15 所示。

表 5-15　词汇语境线索引导下"running up the white flag on spending"语境化意义识解的思维路径

触发性语境线索	触发的商务现象框架及其他知识框架	推导得出的假设
线索词 1 "inflation"	框架 1 "通货膨胀"激活了货币正在贬值的框架，因为商品价格正迅猛上涨	

续表

触发性语境线索	触发的商务现象框架及其他知识框架	推导得出的假设
线索词 2 "wage freezes"	框架 2 "工资冻结"激活了员工得不到加薪的框架	
线索词 3 "job insecurity"	框架 3 "工作不安全感"激活了人们害怕失去工作的框架，即使不是现在，也可能是不久的将来	假设 1 （由框架 1、2、3 共同推导得出） 人们正处于以上这些令人沮丧、悲观的担忧之中
线索词 4 "the white flag"	框架 4 "白旗"激活了由白布制成的旗帜框架，作为战时休战或投降的象征。在过去，信使们挥动白旗表示他们是来谈判而不是来打架的。在现代战争中，如果士兵在战斗中举起白旗，他们的意思是放下武器投降，从而承认失败	假设 2 （由假设 1 和框架 4 共同推导得出） 在与通货膨胀、工资不涨、工作不稳定等"敌人"的战斗中，消费者们失败了，并正在削减开支。他们不像以前那样经常去购物，也不能想买什么就买什么。如今，他们只买必需品。要求他们多购物、多花钱是没有用的，因为他们已经举起白旗了

在上例中，一系列触发性词汇或词组"inflation""wage freezes""job insecurity"等被识别为语境线索词，与激活的商务现象框架、其他知识框架和推导出的假设一起，一步步构成线索链，通向"*running up the white flag on spending*"的语境化含义。经以上分析，"*running up the white flag on spending*"在文中的语境化意义可识解为：

Amid such gloomy concerns as inflation, wage freezes and job insecurity, people are cutting back on spending. They don't go shopping as often and when they do, they don't buy as much as before. Before, they might have bought whatever they wanted. Nowadays, they buy nothing but the essentials. And it's no use asking them to shop and spend more because they're raising the white flag on a pole. In other words, they've surrendered the cause. They've given up. They are accepting defeat.

译文：在通货膨胀、工资冻结和工作不稳定等令人沮丧的担忧中，人们正在削减开支。他们不像以前那样经常去购物，即使去购物，也不像以前那样买那么多了。以前，他们可能想买什么就买什么。如今，他们只买必需品。要求他们多购物、多消费是没有用的，因为他们已经举起白旗了。换句话说，他们承认被各种不确定性因素打败，并接受没钱花、不敢花的事实了。

5.3.2 程式化表达的语境线索功能

程式化表达是一种常见的语言现象，根据美国学者阿尔滕伯格（Altenberg，1998）的调查，以英语为母语的成年人在他们的话语中使用的表达 80% 是程式化表达。早在 20 世纪 60 年代末，莱昂斯（1968）就注意到语言使用中存在程式化序列的现象，他将其定义为“作为不可分割的整体学习的表达，并在特定场合使用”。这一定义突出了两个特点：一是它们是不可分割的整体，二是它们是在特定场合使用的语言表达。库尔马斯（Coulmas，1979）提出了“套路公式”一词，并将其定义为“由标准化情景环境触发或要求而产生的语言学表达”。这一定义揭示了程式化语言与语境之间的密切联系。雷（Wray，2002）将程式化表达定义为“一个序列连续或不连续的单词或其他元素，它似乎是预制的，也就是说，在使用时从记忆中完整地存储和检索，而不是通过语言语法进行生成或分析”。该定义清楚地揭示了程式化表达的组成和存在形式，更重要的是解释了它们是作为一个整体存储和检索的。这一定义还表明，鉴于程式化表达与记忆之间的联系，它们与特定文化群体的社会心理有着密切的关系。从以上的定义可以看出，语言中的程式化表达与特定的语境密切相关，对应的语境是从高度重复的情境中提取出来的标准化语境。因此，程式化表达可以被看作在特定文化背景下的人们在特定情况下使用的习惯性表达。另外，程式化表达的使用往往暗示着特定语境的存在，暗示着特定的语境信息。

目前对程式化表达的研究主要集中在应用研究上，而对程式化表达在意义研究中的重要性关注不够。一些中国学者已经注意到程式化表达的这种特殊功能。例如，姚宝梁（2004）指出，“每个预制语块都有其特定的语用功能，这种语用功能起着范畴类别作用，作为回忆线索，在预制语块的提取过程中起着重要的作用”。显然，程式化表达被认为是一种通向语境信息的语境线索。基于以上研究发现，本研究进一步探讨了程式化表达作为语境线索的功能，主要体现在以下几个方面。

（1）由于程式化表达总是与文化或特定情境相联系，当它们作为语境线索时，必然会激活隐藏在背后的文化或情境的语境知识。甘柏兹（Gumperz，1982）指出，很多程式化表达的含义不是从对单词的理解中获得的，而是从特定社会关系网络中说话人之间的互动中获得的。因此，它们总是与社区中社交网络的文化密切相关，与某些高度重复的情景环境相关。不同的文化背景会导致会话表达的不同规则和模式，因此程式化表达是在交际实践中获得的，为文化群体所熟知。要深入分析程式化表达及其意义，需要对相关的社会文化和情景语境有充分的了解。另外，在提到程式化表达时，具有相同文化背景的人可以获得相关的语境信息。程式化语言包括固定的程式化表达，如习语、俚语、谚语等。程式化表达在语言中反映了丰富的历史文化资源，通常与历史故事、历史事实、寓言、生活经验等联系在一起，构成了丰富的文化内容。

（2）程式化表达的完整性和固定性使语言使用者易于掌握和使用，也有助于指导对意义的准确理解。程式化表达的形式和意义总是相互联系的，是固定的，这使得交际者可以将其视为预制的、现成的语言材料来进行意义的构建，并且可以方便地使用，而不需要考虑语法和词汇的选择。另外，一种程式化的表达方式总能激活一个相对稳定的意义框架，从而达到准确解读、避免歧义的目的。这一特征与认知语言学研究中的框架、图式、脚本等概念的特征相似，而语境信息的检索机制与这些概念也有一定的共性，即通过一定的语境线索触发整个知识框架。

（3）程式化表达使语言使用者可以利用现成的语言材料方便地建构和理解语篇意义。程式化表达被认为是预制的、现成的语言材料，其形式和意义的固定性使其类似于建造语言大厦的预制材料，使交际者能够更方便、更有效地建构和解释话语意义。此外，程式化表达的整体性决定了其形式及其所包含的语境化意义作为一个整体在交际者的大脑中存储和检索，这为程式化表达的使用和意义的确定提供了极大的便利。因此，语言使用者可以利用程式化表达快速有效地传达和解释意义。

综上所述，由于形式和意义的整体性和固定性，以及与文化和特定情境的联系，程式化表达为说话者提供了预制和现成的材料，使话语意义得以生动地建构。同时，它们还可以作为线索，帮助信息接收者方便有效地获取背后隐藏的语境知识和信息，从而解读话语的意义。程式化表达是获得语境化意义的重要线索之一。由于它们在语言实践中普遍存在，因此在意义建构和识解中作为语境线索的作用值得我们关注和研究。

接下来的部分旨在说明在认知语境线索链模式中，程式化表达作为语境线索在商务英语新闻语篇意义识解机制中的作用。

【16】

Indian restaurant uses aerial drone to deliver pizza to skyscraper

An Italian restaurant in India has *stolen a march* on the global chain Domino's by delivering a pizza by drone in the heart of its commercial capital Mumbai.

The restaurant, Francesco's Pizzeria flew the boxed pizza from its premises in Mumbai's Lower Parel district to a customer just under a mile away on the roof of a skyscraper in the Worli business district.

According to Francesco's chief executive, the restaurant was inspired by reports that the books internet retailer Amazon was planning to use drones to deliver books in remote areas and countries where deliveries might be dangerous.

But Domino's, one of the world's largest pizza delivery outlets, had also indicated plans to begin drone deliveries when it released footage of one of its "domicopter" drones delivering pizzas after a flight across fields.

Francescos appears to have gained an edge however with its delivery to a tower block through Mumbai's urban jungle — the kind of setting most customers order pizza from.

（telegraph.co.uk, 22 May 2014）

上例中的隐喻性表达"*stolen a march*"是意义识解的难点，按字面理解显然无法建构语篇的连贯，只有准确识别语境线索并激活内隐的语境知识框架，调用所需的知识，才能使语篇的连贯性得以实现。对"*stolen a march*"语境化意义的辨析有赖于语篇内商务现象框架及其他知识框架触发性程式化表达作为语境线索，并对其意义引导和提示路径作出描述，才能给予连贯性释义。描述如表 5-16 所示。

表 5-16　程式化表达语境线索引导下"stolen a march"语境化意义识解的思维路径

触发性语境线索	触发的商务框架及其他知识框架	推导得出的假设
线索 1 "steal a march" （程式化表达）	框架 1 激活了一个源自早期战争的表达的知识框架。在早期，早在卡车、飞机发明之前，军队就靠士兵步行来移动，因此就有了"foot soldiers"一词。当军官命令士兵行走时，他们会大喊"March!"因此在"steal a march"这个短语中有"march"。所谓"stealing a march on the enemy"，最初是指自方军队比敌人更早到达某个战略点，例如山口。"stealing"是指在敌人都睡着的时候，整晚都在悄悄地行进	假设 1 通过悄悄行进偷袭敌人，就可以对他们发动突然袭击，让他们措手不及
线索 2 "Domino's" "Francesco's" "gained an edge"	框架 2 激活了弗朗西斯科（Francesco's）餐厅在与大对手达美乐（Domino's）公司的竞争中取得意想不到的优势的框架。达美乐作为一个全球品牌，是印度比萨业的巨头。此例中名为弗朗西斯科的意大利餐厅在与当地市场巨头达美乐公司竞争中是一个"小人物"。然而，这家意大利餐厅已经领先于其主要竞争对手，在商业之都孟买用无人机递送披萨	假设 2 通过这样做，这家意大利餐厅在竞争对手面前获得了潜在的重要优势
		假设 3 （由假设 1 和假设 2 共同推导得出） 抢先使用无人机送货是弗朗西斯科餐厅的一大优势。它创造的新奇和惊喜元素，应该会为这家意大利餐厅带来很好的宣传效果

在上例中，触发性程式化表达"steal a march"和其他词汇被识别为语境线索，与激活的商务框架、其他知识框架和推导出的假设一起，一步步构成

线索链，通向“*stolen a march*”的语境化含义。经以上分析，“*stolen a march*”在文中的语境化意义可识解为：

The Italian restaurant Francesco's has moved ahead of Domino's, the Goliath of the pizza business in India, by delivering a pizza by drone in the commercial capital of Mumbai. In doing that, Francesco's has gained a potentially important advantage on its big rival. Doing the drone delivery first is a great advantage for Francesco's to make use of. The novelty it creates, the surprise element, should generate a lot of good publicity for the Italian restaurant.

译文：意大利餐厅弗朗西斯科在印度商业之都孟买用无人机递送比萨，领先于印度比萨业巨头达美乐。通过这样做，弗朗西斯科先于它的强劲对手获得了一个潜在的重要优势。先人一步用无人机送货对弗朗西斯科来说是一大优势。它所创造的新鲜感和惊喜元素应该会为这家意大利餐厅带来很多正面的宣传。

【17】

Apple iPhone sales fall as Samsung rises

The pace of iPhone sales has slowed, Apple revealed last week. Part of the problem is that the competition has found a formula that works: thinner phones with big screens that make the iPhone look small and chubby.

For a dose of smartphone envy, iPhone owners need to look no further than Samsung Electronics Co., the number-one maker of smartphones in the world. Its newest flagship phone, the Galaxy S Ⅲ, is sleek and wafer-thin.

By comparison, *the iPhone "is getting a bit long in the tooth,"* says Ramon Llamas, an analyst with research firm IDC.

（Associated Press, July 30, 2012）

上例中的隐喻性表达“*the iPhone ‘is getting a bit long in the tooth’* ”是意义识解的难点，按字面理解显然无法建构语篇的连贯，只有准确识别语境线索并激活内隐的语境知识框架，调用所需的知识，才能使语篇的连贯性得以实现。对“*the iPhone ‘is getting a bit long in the tooth’* ”语境化意义的辨析有赖于语篇内商务事件框架及其他知识框架触发性程式化表达作为语境线索，并对其意义引导和提示路径作出描述，才能给予连贯性释义。描述如表5–17所示。

表 5–17 程式化表达语境线索引导下“the iPhone ‘is getting a bit long in the tooth’ ”语境化意义识解的思维路径

触发性语境线索	触发的商务事件框架及其他知识框架	推导得出的假设
线索 1 “(iPhone) small and chubby” “(Samsung) sleek and wafer-thin”	框架 1 激活了苹果公司在三星公司光芒下稍显黯淡的商务事件框架。根据 2012 年 8 月 5 日在 spokesman.com 上发布的文章“Samsung makes its move as iPhone loses appeal”，尽管苹果公司以不断创新著称，但自第一款 iPhone 问世以来，iPhone 的屏幕尺寸一直保持不变。三星公司自 2010 年推出 Galaxy 系列以来，每一款手机的屏幕尺寸都有所增加，最新款 S Ⅲ 的屏幕几乎是 iPhone 的两倍大，还更薄更轻。除设计外，苹果公司在另一方面也缺乏灵活性：每年只发布一款新手机，让竞争对手足以创造出 iPhone 不具备的功能，并让它们不受挑战，至少在新 iPhone 问世之前是如此。例如，最新的三星手机可以使用美国最新的高速数据网络，可以在商店的支付终端充当智能“信用卡”，这两个功能是 iPhone 所不具备的	假设 1 在与三星手机的较量中，苹果公司在外观及其他技术功能方面正在失去竞争优势

续表

触发性语境线索	触发的商务事件框架及其他知识框架	推导得出的假设
线索 2 “long in the tooth” （程式化表达）	框架 2 激活了“Do not look a gift horse in the mouth”这句谚语的知识框架，这句话的意思是：馈赠之马，切莫挑剔。从字面上说，当我们收到一匹马作为礼物时，我们不应该看马的嘴。为什么？以免我们看起来是在检查马的牙齿。确切地说，免得我们看到马的牙齿很长，这表明它老了。事实上，随着年龄的增长，人们的牙龈也会萎缩，这使得他们的牙齿看起来比以前更长	假设 2 因此，如果马有长长的牙齿，那它就是一匹老马，可能毫无用处
		假设 3 （由假设 1 和假设 2 共同推导得出） 从设计、屏幕尺寸等方面来看，iPhone 看起来越来越过时。与此同时，三星等竞争对手纷纷推出更薄、屏幕更大的智能手机，从而对 iPhone 构成更大的威胁

在上例中，触发性程式化表达“long in the tooth”和其他词汇被识别为语境线索，与激活的商务事件框架、其他知识框架和推导出的假设一起，一步步构成线索链，通向“*the iPhone ‘is getting a bit long in the tooth’*”的语境化含义。经以上分析，“*the iPhone ‘is getting a bit long in the tooth’*”在文中的语境化意义可识解为：

When the Apple smartphone is described as long in the tooth, the person who makes the assessment means to say that the iPhone is increasingly looking old and outdated – in terms of design, screen size, etc. Its design and screen size, for example, have remained the same for years. Rivals such as Samsung in the meantime have churned out thinner smart phones with bigger screens, thus posing more of a threat to the iPhone.

译文：当苹果智能手机被形容为“老掉牙”时，做出这种评价的人的意思是说 iPhone 在设计、屏幕尺寸等方面越来越老旧和过时。例如，它的设计和屏幕尺寸多年来一直保持不变。与此同时，三星等竞争对手纷纷推出更薄、屏幕更大的智能手机，从而对 iPhone 构成了更大的威胁。

【18】

Study: Bank Bonuses Far Exceeded Profits

Several financial giants that received federal bailout money in the last year paid out bonuses to employees in 2008 that greatly exceeded the amount of profit generated by the banks, according to a study on executive compensation released by New York State Attorney General Andrew Cuomo Thursday.

Despite claims by bank executives that bonuses are tied to the company's performance, the report states that "there is no clear rhyme or reason to how the banks compensate or reward their employees."

Cuomo's investigation "suggests a disconnect between compensation and bank performance that resulted in ***a 'heads I win, tails you lose' bonus system***."

（CBSNEWS, July 30, 2009）

上例中的表达“***a 'heads I win, tails you lose' bonus system***”是意义识解的难点，按字面理解显然无法建构语篇的连贯，只有准确识别语境线索并激活内隐的语境知识框架，调用所需的知识，才能使语篇的连贯性得以实现。对

"*a 'heads I win, tails you lose' bonus system*"语境化意义的辨析有赖于语篇内商务现象框架及其他知识框架触发性程式化表达作为语境线索，并对其意义引导和提示路径作出描述，才能给予连贯性释义。描述如表 5-18 所示。

表 5-18　程式化表达语境线索引导下"a 'heads I win, tails you lose' bonus system"语境化意义识解的思维路径

触发性语境线索	触发的商务框架及其他知识框架	推导得出的假设
线索 1 "heads I win, tails you lose" （程式化表达）	框架 1 "正面我赢，反面你输"激活了"正面我赢，反面你赢"这句话的变体框架，这是人们在抛硬币前通常会说的话。在人们抛硬币决定胜负之前，每一方都被问及他想要什么，正面还是反面。正面是指硬币的正面，反面是指硬币的背面。硬币的正面被称为"heads"，因为许多英国硬币都有女王的头像。如果你在抛硬币之前说"正面我赢，反面你输"，这是在作弊，或者只是在开玩笑，看看对方是否专注在听	假设 1 在现实生活中，"正面我赢，反面你输"描述的是一种不公平的情况，即其中一方完全控制另一方，无论如何，一方总是赢
线索 2 "bailout" "bonuses" "exceeded" "profit"	框架 2 "救助"、"奖金"、"超额"和"利润"激活了银行奖金超过其净收入的框架，因为有政府救助资金。2009 年 7 月 30 日，纽约州总检察长安德鲁·古莫（Andrew Cuomo）发布了一份名为"NO RHYME OR REASON: The 'heads I win, tails you lose' Bank Bonus Culture"的报告： 高盛（Goldman Sachs）2008 年盈利 23 亿美元，获得了 100 亿美元的问题资产救助计划（TARP）资金，2008 年发放了 48 亿美元奖金——比净利润的两倍还多；摩根士丹利（Morgan Stanley）2008 年盈利 17 亿美元，获得了 100 亿美元的救助资金，发放了 44.75 亿美元的奖金，几乎是净利润的三倍；摩根大通（JPMorgan Chase）2008 年盈利 56 亿美元，从政府获得 250 亿美元，发放了 86.9 亿美元奖金；花旗集团（Citigroup）和美林（Merrill Lynch）2008 年合计亏损 540 亿美元。它们总共获得了 550 亿美元的救助，并支付了 90 亿美元的奖金	假设 2 总而言之，如果银行无法盈利，尤其是当它们亏损的规模很大时，政府通常会介入，用纳税人的钱来帮助银行摆脱困境

续表

触发性语境线索	触发的商务框架及其他知识框架	推导得出的假设
		假设 3 （由假设 1 和假设 2 共同推导得出） 如果银行赚钱，银行高管就会获得巨额奖金。如果银行无法盈利，政府通常会介入，用纳税人的钱帮助银行摆脱困境。因此，对银行来说局面总是有利的

在上例中，触发性程式化表达“heads I win, tails you lose”和其他词汇被识别为语境线索，与激活的商务事件框架、其他知识框架和推导出的假设一起，一步步构成线索链，通向“*a ‘heads I win, tails you lose’ bonus system*”的语境化含义。经以上分析，“*a ‘heads I win, tails you lose’ bonus system*”在文中的语境化意义可识解为：

When people say it’s a “heads I win, tails you lose” situation with the major banks’ bonus system, they mean to point out that today’s banking is a win-win situation for the banks — and lose-lose for the public. That is, if banks make money, shareholders keep the profit with executives garnering big bonuses. If they fail to make money, and especially if they fail big, the government often steps in to bail the banks out with tax payer money. Therefore, the public is on the losing end either way.

译文：当人们说大银行的奖金制度是“正面我赢，反面你输”的情况时，他们的意思是，今天的银行业对银行来说是一个双赢的局面，对公众来说是双输的局面。也就是说，如果银行盈利，股东们可以留着利润而高管们则获得巨额奖金。如果银行无法盈利，尤其是当它们亏损的规模很大时，政府通常会介入，用纳税人的钱来拯救银行。因此，无论如何，公众都是输家。

5.3.3 历时性事件的语境线索功能

商务英语新闻语篇多是关于国际贸易和经济领域热点话题或事件的新闻报道或评论。因此，这些语篇的内容决不能脱离具体的政治、经济和社会背景。在此之前、同时或之后发生的事件都可能与讨论中的问题有关。相关事件往往是复杂多变的，对事件背景信息缺乏全面了解的读者，即使语言功底高超，也可能被完全弄糊涂。相反，充分了解当时的政治、经济和社会背景，可以加深读者对语篇的理解，甚至在一定程度上弥补语言能力的不足。

曾利沙（2002）曾指出：空白或缺省的意义是由相关社会政治生活中的特定事件决定的。这种意义缺省的文本之所以可能形成而为特定读者群所理解，是因为作者在编码过程中已考虑到读者能对空缺的意义进行补缺，其前提是该文本产生的时间与所缺省的意义所反映的事件是相对共时的。没有这种共时性关系就不会产生这样的文本编码形式。但随着时间的推移，该文本所缺省的相对“共时性事件”也就成了“历时性事件”，并对以后不熟悉此事件的读者或译者的理解形成信息阻断。曾利沙把这种相关的历时性事件视为一种言外视域下的参数因子，并将其称作“历时性事件参数因子”，在其映射下生成对语篇的理解。

基于以上分析，我们可以得出一个结论，历时性事件可以作为重要的语境线索。语篇中的一些表达包含了关于某些事件的复杂背景信息，因此建构相关事件的知识框架作为语篇理解的背景至关重要。

接下来的实例分析旨在说明在认知语境线索链模式中，历时性事件作为语境线索在商务英语新闻语篇意义识解机制中的作用。

【19】

Growing wildly

The duty of large corporations is "not limited to 'not being evil'", argues People's Daily. The newspaper desires greater social responsibility at China's internet-search firms. It apparently wants them actively to "stand up for the company's ethics".

The publication's wrath centres on Baidu, China's biggest online-search firm, for a scandal involving the ads it carries. Dodgy postings for questionable medical treatments may have led to a cancer patient's death—after reportedly he paid $30,000 for the quackery. The case has prompted Chinese regulators to open an investigation into the company's advertising practices, news that sent Baidu's shares tumbling this week. The mess follows another health furore. In January, Baidu's boss admitted that his firm had accepted payments from ostensibly independent health experts moderating its online chat rooms for sick patients.

The newspaper's admonition also took a sideswipe at Google, whose longstanding motto is "Don't be evil." The American search giant noisily pulled out of China in 2010 rather than be subject to official censorship. Despite this seemingly principled departure, Google actually kept several of its lower-profile businesses going. It is rumoured that Google Play, its app store for Android smartphones, may arrive in China soon (which would require the firm to *kowtow to censors*).

The troubles at Baidu and the temptations of Google have the same root cause: China's soaring online-search market. Revenues are forecast roughly to double to 411billion yuan ($63 billion) by 2018. Group M, a division of WPP, a big advertising firm, estimates that roughly half of all advertising spending in China will take place online this year, up from just 15% five years ago and higher than the global average of 31%. Mobile online advertising shot up by 178% year on year in 2015, to 90 billion yuan.

（The Economist, May 7, 2016）

上例中的商务事件关联性语词“*kowtow to censor*”是意义识解的难点，对不熟悉背景事件的读者形成信息阻断。只有提取潜在的语境线索并激活内隐的背景事件框架，调用相应的综合知识，才能对空缺的意义进行补缺。对“*kowtow to censor*”语境化意义的解析有赖于语篇内历时性事件框架触发性表达作为语境线索，并对意义识解过程的思维路径作出描述，以达到系统地揭示语篇意义生成的理据。描述如表 5-19 所示。

表 5-19　历时性事件语境线索引导下“kowtow to censor”语境化意义识解的思维路径

触发性语境线索	触发的商务背景事件框架及其他知识框架	推导得出的假设
线索 1 “not limited to ‘not being evil’”	事件框架 1 触发了谷歌公司的行为准则及核心价值观：“不作恶”(Don’t be evil)。很多谷歌人把“不作恶”的意思直接理解为不要成为一个行业垄断者	假设 1 作为世界上最大的搜索引擎公司，聚集了数以亿计的用户，公司的职业道德不应仅限于“不做垄断者”，而理应承担更大的社会责任，接受并配合相关法律法规的监管

续表

触发性语境线索	触发的商务背景事件框架及其他知识框架	推导得出的假设
线索 2 “Baidu” “scandal” “a cancer patient’s death”	事件框架 2 “魏则西事件”：患有滑膜肉瘤的大学生魏则西因为通过百度搜索选择了武警北京总队第二医院进行生物免疫治疗，但是花费大量医药费后不治身亡，他生前把这段经历写在了知乎话题“你认为人性最大的‘恶’是什么?”上，引起广大网友对百度医疗竞价排名制度的愤慨，纷纷谴责百度	
线索 3 “troubles at Baidu”	事件框架 3 “魏则西事件”让百度陷入了一场空前的信任危机，国家网信办会同国家工商总局、国家卫生计生委成立联合调查组进驻百度公司	假设 2 （由框架 2 和框架 3 共同推导得出） “魏则西事件”折射搜索引擎竞价排名监管真空，政府加强监管势在必行
线索 4 “the temptations of Google”	事件框架 4 2010 年，谷歌宣布将搜索业务撤出中国大陆，并停止按照有关部门规定对搜索结果进行审查； 2015 年，谷歌表示希望重返中国市场	假设 3 难挡中国搜索引擎市场巨大利益的诱惑，谷歌意图重返中国市场
线索 5 “kowtow”	知识框架 5 中国传统礼仪知识框架： 跪而磕头，在中国传统习俗中，表示臣服、崇拜或高度恭敬	假设 4 （由假设 1、2、3 和框架 5 共同推导得出） 谷歌要想重返中国市场，需严格遵守中国对于信息安全的原则，并接受中国政府依法监管

在上例中，历时性事件框架触发性表达“Baidu”“scandal”“a cancer patient’s death”“the temptations of Google”等和其他词汇被识别为语境线索，

与激活的商务事件框架、其他知识框架和推导出的假设一起，一步步构成线索链，通向“*kowtow to censor*”的语境化含义。经以上分析，“*kowtow to censor*”在文中的语境化意义可识解为：

Google has to obey the government regulations in order to regain access to the Chinese market. In 2010, Google pulled its Chinese-language search engine out of mainland China and said it would stop censoring search results in China. The move was controversial, cutting Google off from the lucrative Chinese market. 5 years later, it still cannot resist the temptations of China's soaring online market and plans to return to China, but the precondition is to comply with the laws and requirements of China's online regulator. According to the report about Google's plans to return to mainland China, as part of the deal Google is looking to strike, Google would follow the country's laws and block apps that the government objects to. The Play store app will only work on devices that comply with China's Ministry of Industry and Information Technology requirements, which marks a major detente in the Internet giant's fraught dealings with the Chinese government.

译文：谷歌必须遵守中国政府的规定才能重新进入中国市场。2010年，谷歌将其中文搜索引擎撤出中国大陆，并停止按照有关部门规定对搜索结果进行审查。此举引起了争议，将谷歌从利润丰厚的中国市场切断。五年后，它仍然无法抗拒中国飞速发展的网络市场的诱惑，计划回归中国，但前提是要遵守中国网络监管机构的法律和要求。根据有关谷歌重返中国大陆计划的报道，作为谷歌寻求达成的协议的一部分，谷歌将遵守中国的法律，屏蔽政府反对的应用程序。Play store 应用程序将只在符合中国工信部要求的设备上运行，这标志着这家互联网巨头与中国政府之间的紧张关系出现了重大缓和。

【20】

Online video worth paying for?

YouTube is becoming more like normal television

ONE of the most popular videos this month on YouTube, an online video site, is a commercial by a bottled-water firm, Evian. In it, adults walking by a shop window see their baby lookalikes reflected, and start dancing with their former selves. The grown-up YouTube, however, looks nothing like it did in its infancy. Once a warehouse for pirated clips and amateur footage of cats, YouTube has been trying to transform itself into a sleeker, more sophisticated site that can compete with television for advertisers. It will soon look even more like television. On May 9th it is expected to announce that it will charge users for subscriptions to some "channels".

Novice clips have attracted a tonne of views, but not a tonne of money, because advertisers are reluctant to place adverts next to shoddy homemade videos. Since Google bought YouTube in 2006 for nearly $1.7 billion, it has tried to make its adopted child polished, not just popular. Last year it spent an estimated $300m funding and marketing new "channels" with higher-budget comedy, drama and other shows, with some run by established media firms such as Fremantle.

According to Needham, an investment bank, YouTube will bring in $2.5 billion in advertising revenue in 2013, but that is not enough to *move the needle* at Google, or to make it a worthwhile outlet for content companies. Like newspapers that have decided they cannot survive by online advertising alone, YouTube needs to erect a "pay wall" for some of its offerings.

(The Economist, May 11, 2013)

上例中的商务事件关联性语词"*move the needle*"是意义识解的难点，并对不熟悉背景事件的读者形成信息阻断。只有提取潜在的语境线索并激活内隐的背景事件框架，调用相应的综合知识，才能对空缺的意义进行补缺。对"*move the needle*"语境化意义的解析有赖于语篇内历时性事件框架触发性表达作为语境线索，并对意义识解过程的思维路径作出描述，以达到系统地揭示语篇意义生成的理据。描述如表 5-20 所示。

表 5-20 历时性事件语境线索引导下"move the needle"语境化意义识解过程的思维路径

触发性语境线索	触发的商务背景事件框架及其他经验框架	推导得出的假设
线索 1 "Google" "content company"	框架 1 触发了谷歌的新身份框架：新型内容公司。搜索巨头谷歌创建了多元化的新服务，提供丰富的互联网内容，早已不止是一个搜索引擎	假设 1 谷歌是一个庞大的创富机器，因为它有多种赚钱渠道 假设 2 谷歌作为互联网内容提供商的新身份可以解释其收购 YouTube 的公司行为
线索 2 "Google bought YouTube"	事件框架 2 触发了 2006 年谷歌斥资 16.5 亿美元收购 YouTube 的事件框架：谷歌收购 YouTube，致力于开发潜在利润丰厚的在线视频和社交网络市场，但有分析师表示担忧，认为 YouTube 在创收潜力方面仍未得到充分证实	假设 3 （由假设 2 和框架 2 共同推导得出） 谷歌希望通过广告商投放在 YouTube 的广告产生丰厚收入，但事实是，YouTube 的大部分视频内容并不吸引广告商
线索 3 "move the needle"	经验框架 3 触发了使用指针式机械秤测量重量的经验框架	假设 4 如果指针没有移动，说明添加到机械秤上或者从机械秤上拿下的物品重量太轻，不足以对总体重量造成影响

续表

触发性语境线索	触发的商务背景事件框架及其他经验框架	推导得出的假设
		假设 5 （由假设 1、3、4 共同推导得出） YouTube 预计在 2013 年将创造 25 亿美元的广告收入，但对于谷歌这个庞大的赚钱机器而言，意义不大

在上例中，历时性事件框架触发性表达“Google”“content company”“Google bought YouTube”等和其他词汇被识别为语境线索，与激活的商务事件框架、其他知识框架和推导出的假设一起，一步步构成线索链，通向“*move the needle*”的语境化含义。经以上分析，“*move the needle*”在文中的语境化意义可识解为：

In 2013, Google's ad revenue amounted to almost $51.07 billion, by contrast, the $2.5 billion devoted by YouTube in advertising revenue means little to Google. $2.5 billion is a lot of money to most companies, but not to Google, a money making behemoth. In other words, YouTube failed to live up to Google's expectation that it can generate juicy revenues by using its advertising savvy.

译文：2013 年，谷歌的广告收入接近 510.7 亿美元，相比之下，YouTube 贡献的 25 亿美元广告收入对谷歌来说微不足道。25 亿美元对大多数公司来说是一大笔钱，但对谷歌这个赚钱巨头来说就不是了。换句话说，YouTube 未能达到谷歌的期望，即它可以利用自己的广告头脑产生丰厚的收入。

【21】

The current appetite by European banks for expansion in the US may revive painful memories of transatlantic forays into the world's largest economy, writes Peter Thal Larsen in London. In the past few years, BBVA, BNP Paribas of France and Royal Bank of Scotland of the UK have all made acquisitions in the US, while Santander of Spain acquired a minority stake in Sovereign, the regional US lender. ABN Amro of the Netherlands also has a large presence in the mid-west through its LaSalle subsidiary.

The attractions of the US market are clear: it is large and still relatively fragmented, and the continuing influx of immigrants means that it is expected to carry on growing at a faster rate than most European economies.

What's more, banks wanting to expand in the US face fewer potential barriers than they do in Europe, where political hurdles to cross-border consolidation can prove hard to negotiate.

Nevertheless, the US proved to be a *banana skin* for European banks in the past.

The UK's Midland Bank, now part of HSBC, suffered from its acquisition of Crocker in California and Natwest had problems with its Bancorp subsidiary in New Jersey.

In 2002, Allied Irish Banks was hit by a currency trading scandal at its US subsidiary, Allfirst.

This month, HSBC was forced to issue the first profit warning in its recent history after suffering bad debts that were worse than expected in risky mortgages underwritten by Household, the consumer finance business it took over in 2003.

（European banks are hungry for expansion in the US, but the country has proved to be a *banana skin* in the past, FT.com, February 17, 2007.）

上例中的商务事件关联性语词“*banana skin*”是意义识解的难点，并对不熟悉背景事件的读者形成信息阻断。只有提取潜在的语境线索并激活内隐的背景事件框架，调用相应的综合知识，才能对空缺的意义进行补缺。对“*banana skin*”语境化意义的解析有赖于语篇内历时性事件框架触发性表达作为语境线索，并对意义识解过程的思维路径作出描述，以达到系统地揭示语篇意义生成的理据。描述如表 5–21 所示。

表 5–21　历时性事件语境线索引导下“banana skin”语境化意义识解的思维路径

触发性语境线索	触发的商务框架及其他知识框架	推导得出的假设
线索 1 “Midland Bank” “its acquisition of Crocker”	框架 1 激活了米特兰银行（Midland Bank）在 1981 年收购加州克罗克银行（Crocker National Bank）这一最昂贵错误的框架。根据 fundinguniverse.com 上的文章“Midland Bank plc History”，1981 年，米特兰以 8.2 亿美元收购了克罗克 57% 的股份。克罗克银行是加州第四大、美国第十二大银行，这是美国银行有史以来最大的外资收购案。米特兰希望通过这笔交易，在美国最繁荣的地区之一建立起大规模的直接业务，克罗克银行认为资本的增加将使其得以扩张。但蜜月并没有持续多久。克罗克银行的财务表现几乎从米特兰银行接管的那一刻起就开始摇摇欲坠，并于 1983 年崩溃，第四季度亏损 6200 万美元。由于受到不良房地产贷款和大量拉丁美洲债务的严重影响，1984 年，它的母公司损失了 3.24 亿美元，《经济学人》在一篇标题中惊叹道：“What a big hole Crocker is making in Midland’s pocket.”	

续表

触发性语境线索	触发的商务框架及其他知识框架	推导得出的假设
线索 2 “Allied Irish Banks” “currency trading scandal” “Allfirst”	框架 2 激活了2002年年初发现的约翰·拉斯纳克（John Rusnak）货币交易丑闻的框架。根据2002年3月14日发布在baselinemag.com上的文章“How Allfirst Trader Fudged Data”，爱尔兰银行（Allied Irish Bank）在2002年3月14日公布了对前奥尔弗斯特（Allfirst）货币交易员约翰·拉斯纳克的指控，该丑闻导致爱尔兰银行子公司损失6.91亿美元。爱尔兰银行的内部调查报告指责拉斯纳克“操纵奥尔弗斯特薄弱的财务控制环境；值得注意的是，他在整个欺诈期间找到了规避控制程序变化的方法。”丑闻发生后，奥尔弗斯特于2003年被美国商业银行M&T收购	
线索 3 “HSBC” “the first profit warning”	框架 3 激活汇丰银行首次盈利预警触发信贷危机的框架。根据《泰晤士报》2009年3月3日刊登的文章“HSBC's first profit warning ushered in the crunch”，汇丰银行于2007年2月7日在证券交易所发布的一则声明，标志着信贷危机的开始。该声明承认，房价上涨放缓已导致美国抵押贷款客户的违约率上升，该行业的坏账将比预期严重20%。这是汇丰银行142年历史上首次发布利润预警，对这家引以为豪的机构来说是一次沉重的打击	假设 1 （由框架1、2、3共同推导得出） 欧洲银行在美国的扩张遇到了麻烦，导致巨大的财务损失
线索 4 “banana skin”	框架 4 激活了人们踩到香蕉皮并滑倒的画面。想象一下你在街上行走，面前有一块香蕉皮。如果你在看手机，可能不会注意到。因此，你可能会踩在香蕉皮上，如果那片香蕉皮又烂又滑，你可能会摔倒——在最糟糕的情况下，摔个脸朝天	假设 2 香蕉皮代表任何看似没问题但可能会给你带来问题的东西，让你看起来很糟糕、很愚蠢、很尴尬

续表

触发性语境线索	触发的商务框架及其他知识框架	推导得出的假设
		假设 3 （由假设 1 和假设 2 共同推导得出） 尽管美国市场具有明显的吸引力，但在美国扩张的欧洲银行却遭遇了意想不到的问题，导致金融史上的巨大失败

在上例中，历时性事件框架触发性表达“Midland Bank”“its acquisition of Crocker”“Allied Irish Banks”“currency trading scandal”等和其他词汇被识别为语境线索，与激活的商务事件框架、其他知识框架和推导出的假设一起，一步步构成线索链，通向“*banana skin*”的语境化含义。经以上分析，“*banana skin*”在文中的语境化意义可识解为：

European banks find their financial business getting tripped up (getting frustrated with market problems) unexpectedly in expanding their overseas banking business in the US market.

译文：欧洲银行发现，在美国市场拓展海外银行业务时，它们的金融业务出乎意料地陷入了困境（因市场问题而受挫）。

5.3.4 结论

本章从丰富语料分析中寻找规律，对商务英语新闻语篇内外潜在的语境线索表现形式进行类化和定性概括，归为以下三类：词汇、程式化表达以及历时性（政治、经济或社会）事件，并分析其功能，进一步为认知语境线索链模式的建构增添新内容，使其在具体应用中更具可操作性。

通过考察上述实例分析中的语境化意义识解过程，我们发现读者的认知能力和知识结构是准确把握语境线索的关键，这也反映了读者的主导作用和地位。如前所述，作者倾向于使用各种策略来促进读者对语篇的理解，这些策略以各种语境线索的形式呈现在语篇中。但是，识别这些线索并由此获得相应语境信息的能力因人而异。根据认知语境线索链模式，读者在意义识解过程中占据主导地位。更具体地说，语境线索的感知和识别取决于读者的认知能力，这意味着并非每个读者都能正确识别语境线索并成功获得相应的语境信息。不具备这种知识结构的读者在理解具有丰富语境信息的表达时肯定会遇到障碍，他们不可能识别出线索，也不可能掌握隐藏在背后的语境信息，因为它不存在于读者的头脑中，也不是内化的知识结构的一部分，而内化的知识结构构成了读者的认知能力。所以从根本上讲，语境线索只能在保持较高认知能力的读者眼中发挥作用，因为认知能力决定了对语境线索的掌握，并最终影响对语篇的理解。

此外，读者在进行阅读实践时的头脑并不是空的，而是有特定的文化、教育和生活背景的。背景会影响读者的认知能力，从而影响对语境线索的感知和识别，影响获得相应的语境信息，并最终影响对语篇的理解。因此，读者在阅读实践中可以积极地、主动地建构意义。而主观性受到不同个体认知特征的影响，意味着具有不同认知能力和特征的人可以从不同的角度识解语篇意义。这就是为什么在认知语境线索链模式中，最终得到的意义应该被分为两部分：作者的意图意义和读者的识解意义，而这两部分并不完全重叠，因为信息发送者和信息接收者的心理模式存在差异。

5.4 总结

商务英语新闻语篇涵盖涉及经济、金融、管理等方面的广泛内容，因此，语篇语境化意义识解实践中遇到的困难和问题也非常普遍，值得研究。如果读者想要解决相应的问题，不仅要有广泛的商务知识，还要熟悉各种商业术语、习语和行话。在本章中，我们通过对问题的发现、分析和定性描述，将认知语境线索链模式应用于解决商务英语新闻语篇语境化意义识解中的关键难点问题，进而发现其内在规律，进一步丰富和完善认知语境线索链模式的内容和可操作性。这就是从认知语境线索链模式的角度研究商务英语新闻语篇语境化意义识解的理论和方法论意义。

6. 结论与展望

本章对本研究的主要发现进行总结，并对三个研究问题进行回答，得出初步结论。然后讨论本研究对商务英语阅读教学的启示。最后，指出本研究的局限性，并对今后的研究提出建议。

6.1 主要发现

本研究探讨认知语境线索链模式的构建及其运作机制，旨在对商务英语新闻语篇语境化意义识解过程中读者的思维轨迹及操作理据进行可描述性、可阐释性、可分析性、可推论性、可印证性研究。在新建立的理论分析模式的指导下，第三、四、五章对研究问题进行分析和讨论。在分析的基础上，本研究获得以下主要发现。

研究问题一：商务英语新闻语篇中有哪些性质的语境化意义识解难点问题？解决这些问题需要在意义识解过程中进行怎样的认知操作？

本研究试图界定商务英语新闻语篇中涉及语境化意义认知识解的显著特征，包括认知隐喻、商业术语和特定事件关联性语词。本研究给出了典型的实例来展示上述各种特征，并通过研究这些实例来揭示语境化意义识解过程中需要涉及的认知因素和认知操作。

认知隐喻的解析对读者来说非常具有挑战性，因为它们的含义不是字面上的，无法通过在字典中查询单个单词来了解它们的意思。莱考夫和约翰逊（1980）及莱考夫的后期著作（1990）认为，隐喻是一种认知过程，是指人们基于自己在一个更有形、更具体的领域中的经验，在另一个更抽象的领域中思考知识。因此，认知隐喻语境化意义生成的关键，是在两个领域之间架起桥梁，这一过程涉及认知操作。

商业术语是一个令人困惑且不断变化的领域，许多词条不仅在口头沟通中使用，还被用于商业杂志或报纸文章的写作中，这就给那些不在商务环境中生活和工作的读者，或者不以英语为母语的读者，带来了阅读障碍。在理解商业术语并识解它们在商务新闻语篇中的语境化意义时，我们需要调查并捕捉术语的经验或文化渊源与语篇中描述的实际情况或对象之间的相关性。这个过程与认知操作密不可分。

特定事件关联性语词是指商务英语新闻语篇中包含某些事件的复杂背景信息的一些语汇表达。在理解特定事件关联性语词并识解其语境化意义时，我们需要调查并触发相关（政治、经济或社会）事件的知识框架作为提示，以便捕捉背景事件与语词之间的联系。这个过程包含认知操作。

研究问题二：如何把握建构认知语境线索链模式的操作理据与规则，其运作机制是如何解决商务英语新闻语篇中的语境化意义识解问题的？

本研究建构了一个新的理论分析框架——认知语境线索链模式，可以有效地解决商务英语新闻语篇中的各种语境化意义识解难点问题。研究发现，语篇中涉及认知操作的语境化意义识解难点问题，包括认知隐喻、商业术语和特定事件关联性语词，可以在认知语境线索链模式的意义识解机制的指导下得到解决。本研究认为，语篇内外的任何语境因素都应首先进入读者的认知视野，从而成为真正影响意义建构过程的认知语境的一部分，这有效地克服了传统语境研究中把广泛语境因素纳入考虑范围内的困难。此外，传统语境研究缺乏对操作方法的深入探讨，未能使意义识解过程具有可阐释性、可描述性和可分析性，致使读者难以有效地运用具体的操作机制进行语境建构，也难以从理论上解释概念或命题语境化意义识解背后的操作理据和规则。与传统的语境理论相比，认知语境线索链模式将进入读者认知视野的语境因素具体对象化为一些特定的、相关的线索，并遵循意义识解过程中的运作机制进行推理论证。通过对典型案例的逐步分析，充分展示了认知语境线索链模式的整个意义推导的运作过程，直观地反映了读者在语境化意义识解过程中的思维轨迹和操作理据。

实例分析还揭示了认知语境线索链模式的意义识解机制中需要遵循的一些规律，其理论表征可以总结如下。

根据认知语境线索链模式的意义识解机制，只有当读者在认知实践中识别出语篇内外的语境因素时，才能将其视为语境线索；语境线索激活了相关的知识框架，这些知识框架本质上是读者在认知过程中对世界的认识；假设可以从知识框架中推导出来，从紧接前面的推理过程中推导出来的假设可以构成一个立即给出的新线索，该线索可以添加到下一步的推理过程中，从而形成一个连贯的线索链；语境线索链就像一个延伸的意义网络，网络中的节点触发隐含的框架，并调取必要的语境知识，以确保语篇意义识解的完整性和连贯性。

此外，基于对大量典型实例的分析，本研究总结了商务英语新闻语篇内外潜在的三类语境线索，包括词汇、程式化表达和历时性（政治、经济或社会）事件，进一步为认知语境线索链模式的构建增添新内容，使其在具体应用中更具可操作性。

研究问题三：为什么认知语境线索链模式的意义识解机制对解决商务英语新闻语篇语境化意义识解难点问题更有效？

本研究在认知语境和语境参数理论的启发下，建立了认知语境线索链模式，以解决商务英语新闻语篇中出现的各种语境化意义识解难点问题。该模式的建立是一种理论尝试，旨在阐释语篇语境化意义识解的全过程，并直观地展示意义给定行为主体在这一过程中的思维轨迹和操作理据。根据认知语境线索链模式的意义识解机制，语境化意义建构应经历以下步骤：

（1）识别语篇中问题导向的语言单位；

（2）对语篇内外潜在的语境线索进行感知和识别；

（3）激活相应的知识框架并由此推导出假设；

（4）基于推理机制建构语境线索链以识解语篇语境化意义。

认知语境线索链模式主要强调以下两点：

（1）语篇内外都存在潜在的语境线索。读者需要感知和识别潜在的语境线索，以便激活相关的知识框架。知识框架本质上是读者在认知过程中对世界的认识。读者应该依靠对存储在他们头脑中的知识的调取和语境线索链的建构来识解语境化意义。

（2）从语境线索的识别、知识框架的激活到假设的推导，自始至终都体现了读者的主导地位。因此，认知语境线索链模式突出了读者在语境化意义识解过程中的自觉主动性和积极作用。他们不再被动地接收信息，而是能够主动地寻找线索来获取语篇意义。

本研究所建立的认知语境线索链模式在识解商务英语新闻语篇的语境化意义方面更有效的原因在于：该模式是在借鉴前人认知语境和语境参数理论研究成果的基础上建立起来的。认知语境线索链模式的优势不仅在于将语篇内外潜在的语境因素具体对象化为一些特定、相关的线索，使读者对语境线索更容易识别、分类并感知其结构相关性，而且还在于遵循其意义识解机制，一步步对整个推理过程进行跟踪。通过详细的阐释和可展示性描述，阐明读者在语篇语境化意义识解过程中的思维轨迹和操作理据，使语言语境化意义识解这一大脑“暗箱操作”的过程更具可描述性、可阐释性、可推论性、可分析性、可印证性、可体验性和可操作性。

6.2 研究意义

本研究主要采用定性研究的方法，运用演绎和归纳等方法，首先建构认知语境线索链模式的理论分析框架，利用认知语境线索链模式的运作机制对意义识解过程作出可描述、可阐释、可论证的分析，凸显贯穿商务英语新闻语篇语境化意义识解过程的认知因素；其次从典型语料分析中发现并归纳其内在规律，进一步丰富和完善认知语境线索链模式的内容及可操作性。

本研究的理论价值主要在于创新性地建构了一个能有效解决商务英语新闻语篇中各种性质的语境化意义识解难点问题的理论分析框架——认知语境线索链模式。研究发现，商务英语新闻语篇中存在商务隐喻、行业术语、特定（政治、经济、社会）事件关联性语词等不同性质的语境化意义识解难点问题，需要从认知语境线索链模式的理论方法上进行研究解决。本研究提出：首先，语篇内外任何的语境因素都必须经由读者的认知，即进入其认知视野才能构成认知语境的成分，才能真正对意义识解产生影响，这进一步克服了以往语境理论包含内容过于宽泛的问题。其次，传统语境论不具可描述性和可分析性，难以让意义给定行为的主体能够感性地把握语境的具体运作机制，以及从理论形态上对概念或命题语义识解的理据与规律进行描写和阐释，而认知语境线索链模式则将进入读者认知视野的语境因素具体对象化为可定性的若干关联性线索，用以描述语境化意义识解过程中各线索间的逻辑推导关系，并通过对典型案例进行程序性描写分析，展示认知语境线索链的运作流程，更直观地反映读者在语篇意义识解过程中的思维路径和操作理据。

本研究通过丰富的典型语料分析，验证了认知语境线索链模式在解决商务英语新闻语篇中存在的三种不同性质的语境化意义识解难点问题的适用性和有效性，也再次证实了该模式的几点重要特性及主要功能特征。（1）读者能动性。语境线索之所以成为线索，并非语篇内外语境因素本身的功能，而是读者的认知实践对它们的调用才使之成为线索。（2）开放性。在认知语境线索链模式的运作中，语境线索不是现成、固定的，而是在推导过程中不断动态建构的。每一轮推理都可以得出一个结论，或者说推出一个假设，而上一轮推出的假设又可以成为新的已知线索，参与下一轮推理过程中，这样环环相扣就构成了线索链。（3）意义导向性和提示性。语境信息是以知识框架的形式呈现，只有对这些知识框架进行有效激活，才能获得依附其中的语境知识，达到成功识解意义的目的。激活知识框架则必须借助语境线索的引导和提示。（4）建构语篇连贯。认知语境线索链如同铺开的意义之网，网上的节点具有意义触发功能，通过它们可以激活内隐的语境知识框架，调用所需的知识，使语篇意义的整体性、连贯性得以实现。

此外，本研究还从丰富语料分析中寻找规律，对商务英语新闻语篇内外潜在的语境线索表现形式进行类化和定性概括，归为以下三类：词汇、程式化表达以及历时性（政治、经济或社会）事件，进一步为认知语境线索链模式的构建增添新内容，使其在具体应用中更具可操作性。

总之，本研究建构了一个描述、分析和阐释商务英语新闻语篇语境化意义识解过程的理论分析框架，为语境化意义识解研究提供一种可行的方法论视角与操作理据。该分析框架对于进一步拓展语篇意义识解过程研究、语境理论研究都有一定的借鉴价值。

在应用实践意义方面，该研究的主要贡献在于：（1）为商务英语新闻语篇中不同性质的语境化意义识解难点问题提供了问题解决的分析指导；（2）本研究强调分析过程的可描述性、可推演性和可操作性，对拓展意义识解机制研究具有一定的实践指导意义，也为商务英语阅读教学提供了丰富的内容，对读者有很大的启发作用。

根据认知语境线索链模式，语篇中某些具体的词汇、短语、表达可以作为语境线索，激活阅读者头脑中已有的知识框架，这些激活的语境信息又受到语篇中线索链的制约，两者相互作用，经由阅读者认知推导出语篇的意义。前文案例中语境线索功能的分析显示，语篇中微观层面上具体的语汇可以激活相应的语境知识框架，但前提是阅读者头脑中必须具备这些语境知识，如果阅读者缺乏相关知识，将直接影响其对语篇中语境线索的识别，由线索激活相应的语境知识更是成为空谈，而且语言使用者所储备的知识积累是其认知能力的一部分，所以在商务英语阅读教学中鼓励学生广泛阅读、激发兴趣、涉猎广博、扩大知识面，积累各领域的相关知识，是提高学生阅读水平的有效手段和基础，阅读能力与阅读量是成正比的。此外，作为课堂教学的一部分，教师针对教材中的阅读内容，有意识、有目的地补充适当相关的知识，若是估计即将学习的内容对学生很可能是较为陌生的题材，则可在课前让学生借助各种途径，收集与即将学习的阅读材料主题相关的资料，既让学生及时储备必要的知识以备阅读某一材料之用，又可有意识地扩大学生的知识面，为将来的阅读理解服务。

6.3 局限性

本研究建立了认知语境线索链的理论分析模式，试图使语篇语境化意义识解过程的描述和分析成为一个系统的、客观的过程。但由于语境的建构和意义的识解是一种主观活动，因此在主客观互动方面的确证还有待深化和给予详细的确证。通过对不同实例的分析，本研究旨在找出商务英语新闻语篇中出现的不同类型的基于语境的意义识解难点问题，这些问题的有效解决需要认知语境线索链模式作为意义识解过程中的操作机制，但仍不可能穷尽所有现象和问题。此外，本研究还试图探索语篇内外潜在的不同类型的语境线索，以帮助建构认知语境线索链模式，帮助解决基于语境的意义问题，但不可能涵盖所有潜在的语境线索来解决所有问题。

6.4 进一步研究的建议

在本研究建立的认知语境线索链模式中，可以作为语境线索的语言现象或相关因素包括词汇和程式化表达。此外，语篇之外的非语言因素，如历时性（政治、经济和社会）事件，也被认为是促进语境建构的语境线索，有助于语境化意义识解。因此，语境线索最终被定义为“任何能够触发语境假设的语言形式、语言特征或已知事实”。但我们也认识到，上文详细讨论的内容应该属于微观层面的语言特征和客观事实。从宏观角度看，语篇的整体结构也可以成为语境化意义建构的有效语境线索。陈思坤（2002）指出：“篇章结构是文章的组织形式，是文章表达思想意义的线索。”此外，曾利沙教授在2017年第41届广东外语外贸大学博士生论坛题为“文本翻译研究方法论：主题倾向统摄下的语境化意义识解分析模式”的演讲中指出：“如果译者不能全面把握文本的宏观结构，就可能导致对篇章微观层面概念与命题意义识解和翻译的误读和误译。”不可否认，文本结构本身也可以起到语境线索的作用，但与前面讨论的其他线索相比，文本结构的特征会随着写作主题与写作风格的不同而变化。因为对文本整体结构的把握有难度，所以对读者的认知和语言技能都有较高的要求。不同的写作风格需要不同的文本结构。例如，叙事写作的材料通常是按时间顺序组织的，指示时间的“标签”为整个文本构建了叙事的特定框架；议论文的特点是逻辑结构严密，通常包括清晰的论点、论据和推理，并遵循引言、正文和结论三个阶段。论据包括理论、事实和数字，推理方法包括演绎、归纳、比较和对比等，构成了其独特的结构。独特的文体结构可以为读者提供背景信息，帮助理解作者的意图，预测文本的发展，并对文本的内容有一个大致的了解。因此，文本结构本身也可以作为语境线索之一。在以上关于不同类别的语境线索的讨论中，作为语境线索的文本结构没有被详细分析。语篇结构也可以作为语境线索，这一发现进一步反映了现代语境理论对意义建构和识解的描述并不仅仅停留在语言形式层面，反映了语言学领域语境研究的跨学科特征。因此，笔者真诚地希望，目前对认知语境线索链模式的研究，能够助力语言学领域不同分支对语境进行更深入、更系统的研究，使语境研究成为一个更为完整的学术课题。我们相信，语境研究的成果将极大地促进语言学乃至其他相关学科的发展。

参考文献

[1] 陈思坤 . 传统训诂学与语境研究［J］. 云梦学刊，2002，23（3）.

[2]程雨民 . 词汇意义、逻辑推理和语用学［J］. 现代外语，1990（2）.

[3]丁芬 . 从商务英语的语言运用特点分析如何提高商务英语的阅读能力［J］. 科技创新导报，2007（4）.

[4]付美榕 . 商务英语应用文结构与语言的现代商务风格——LCCI 商务英语应用文写作规范点评［J］. 外语教学，1999（4）.

[5]龚敏 . 图式理论对商务英语教学的启示［D］. 桂林：广西师范大学，2004.

[6]谷小娟 . 商务语言研究的社会语言学视角与方法［J］. 中国外语，2013（4）.

[7]顾维勇 . 商务英语复数形式词语的翻译［J］. 中国翻译，2007，28（5）.

[8]顾维勇，吴奕萱 . 商务英语同 / 近 / 反义词叠用语义探析及翻译［J］. 中国翻译，2021，42（1）.

[9]郭贵春 . 论语境［J］. 哲学研究，1997（4）.

[10]郭贵春 .“语境”研究纲领与科学哲学的发展［J］. 中国社会科学，2006（5）.

[11]胡春雨，徐玉婷 . 基于汉英媒体语料库的“经济隐喻”对比研究［J］. 外语教学，2017，38（5）.

[12]黄华新，胡霞 . 认知语境的建构性探讨［J］. 现代外语，2004（3）.

[13]郎可夫.电子商务与英语教学改革[J].外语电化教学，2000(4).
[14]雷春林.内容教学法(CBI)与复合型外语专业教学——以商务英语教学模式为例[J].外语电化教学，2006(3).
[15]李朝.建构商务英语语言学过程中的几个关键性要素[J].当代外语研究，2015(5).
[16]李红丽.商务翻译中译者伦理的平衡统一[J].中国外语，2013，10(3).
[17]李素真.语域理论在商务英语阅读中的应用[J].石油大学学报(社会科学版)，2000(1).
[18]李维英，李文，吴大阅.浅析图式理论在商务英语阅读教学中的应用[J].高等职业教育(天津职业大学学报)，2007(2).
[19]李秀琴.图式理论在商务英语阅读中的应用[J].中国科技信息，2006(23).
[20]李玉香.教师发展"大师复盘模式"：以商务英语教师发展为例——顾曰国和Evan Frendo访谈录[J].中国外语，2012，9(6).
[21]林添湖.试论英语学科的逻辑起点——"学科交叉性"纵横谈[J].当代外语研究，2012(4).
[22]吕世生.商务英语学科定位的学理依据[J].外语界，2013(4).
[23]马会娟.论商务文本翻译标准的多元化[J].中国翻译，2005(3).
[24]中共中央马克思恩格斯列宁斯大林著作编译局.马克思恩格斯全集(第13卷)[M].北京：人民出版社，1962.
[25]马伟林.框架理论与意义识解[J].外语与外语教学，2007(10).
[26]莫再树，孙文娟.商务英语写作教材建设的现状研究[J].外语教学，2010，31(5).
[27]彭川，朱文忠.商务英语专业课程体系建设CIPP评价模式研究[J].

中国外语，2011，8（2）.
[28]蒲萍 . 商务英语新闻中概念隐喻的认知研究［D］. 广州：广东外语外贸大学，2006.
[29]任绍曾 . 词汇语境线索与语篇理解［J］. 外语教学与研究，2003（4）.
[30]邵珊珊，王立非 . 商务英语本科专业教育质量评估指标体系构建与验证研究［J］. 外语界，2022（5）.
[31]史兴松，程霞 . 商务英语专业人才的社会需求分析［J］. 外语界，2019（2）.
[32]史兴松，万文菁 . 国内外商务英语研究方法探析（2007—2017）［J］. 外语界，2018（2）.
[33]史兴松，徐珺 . 跨文化商务交际学对商务英语教学研究的启示［J］. 中国外语，2012，9（4）.
[34]孙亚 . 基于语料库方法的隐喻使用研究——以中美媒体甲流新闻为例［J］. 外语学刊，2012（1）.
[35]孙毅，张盼莉 . 汉英服饰隐喻异同的体验哲学疏议与文化渊源溯追［J］. 解放军外国语学院学报，2016，39（1）.
[36]谭英，陈雯 . 案例教学法在商务英语阅读教学中的应用［J］. 江西金融职工大学学报，2006（S2）.
[37]田兰 . 语言经济学视角下商务英语的生态位思考［J］. 外语界，2013（4）.
[38]王俊超，邓薇，曾利沙 . 语境参数视角下商务新奇隐喻汉译新探索——兼论隐喻解析过程的理据性及建构性［J］. 西安外国语大学学报，2017，25（1）.
[39]王立非 . 论商务外语学科及学术研究的再定位［J］. 中国外语，2012，9（3）.

[40]王立非，陈香兰，葛海玲．论商务英语语言学的理论体系［J］．当代外语研究，2013（5）．
[41]王立非，崔璨．论商务英语跨学科研究范式与方法［J］．外语界，2019（2）．
[42]王立非，崔璨．落实《商务英语专业本科教学指南》，推进商务英语人才培养［J］．外语界，2020（3）．
[43]王立非，江进林．全国商务英语考试的设计与信效度研究［J］．外语与外语教学，2011（6）．
[44]王立非，张斐瑞．论商务英语二级学科的核心概念及理论基础［J］．外语学刊，2016（3）．
[45]王艳艳，王光林，郑丽娜．商务英语专业人才需求和培养模式调查与启示［J］．外语界，2014（2）．
[46]王寅．认知语言学［M］．上海：上海外语教育出版社，2007．
[47]肖辉．财经类院校非英语专业研究生英语课程改革探索：个案研究［J］．外语与外语教学，2008（8）．
[48]熊学亮．单向语境推导初探（下）［J］．现代外语，1996a（3）．
[49]熊学亮．语用学和认知语境［J］．外语学刊，1996b（3）．
[50]熊学亮．认知语用学概论［M］．上海：上海外语教育出版社，1999．
[51]徐珺，史兴松．商务英语教学的任务型设计——以《商务沟通》英语课为例［J］．外语电化教学，2011（6）．
[52]徐珺，夏蓉．我国商务翻译研究十年现状分析（2002—2011）［J］．中国外语，2013，10（4）．
[53]徐珺，自正权．基于语料库的英语财经新闻汉译本的词汇特征研究［J］．中国外语，2014，11（5）．

[54]许葵花．认知语境语义阐释功能的实证研究［M］．北京：中国人民大学出版社，2007.

[55]许力生．语言学研究的语境理论构建［J］．浙江大学学报（人文社会科学版），2006（4）．

[56]严明．话语分析的基础：话语共同体［J］．外语学刊，2009（4）．

[57]杨惠中．科技英语的教学与研究［J］．外语教学与研究，1978（2）．

[58]姚喜明，潘攀．英语阅读理论研究的发展［J］．外语教学，2004（1）．

[59]姚宝梁．预制语块与中学英语口语教学［J］．课程·教材·教法，2004（4）．

[60]俞建耀，刘法公．国内商务英语专业课程设置论综述［J］．外语与外语教学，2013（3）．

[61]曾利沙．英语线性段落结构模式研究［J］．外语教学与研究，1994（1）．

[62]曾利沙．对“Altogether Autumn”两种译文的比较评析——兼论多种译本“批评”的方法论［J］．中国翻译，2000（5）．

[63]曾利沙．论“操作视域”与“参数因子”——兼论翻译学理论范畴“文本特征论”的研究［J］．现代外语，2002（2）．

[64]曾利沙．主题关联性社会文化语境与择义的理据性——TEM8 英译汉应试教学谈［J］．中国翻译，2005（4）．

[65]曾利沙．论翻译的艺术创造性与客观制约性——主题关联性社会文化语境下的译者主体性个案研究［J］．广东外语外贸大学学报，2006（2）．

[66]曾利沙．论语篇翻译的概念语境化意义生成的认知机制［J］．英语研究，2007，5（1）．

[67]曾利沙．论古汉语诗词英译批评本体论意义阐释框架——社会文化语境关联下的主题与主题倾向性融合［J］．外语教学，2010，31（2）．

[68]曾利沙.基于语境参数观的概念语义嬗变认知机制研究——商务英语时文教学理论与方法[J].外语教学，2011，32(6).
[69]曾利沙，姚娟娟，崔超.社会文化认知语境参数的建构及其阐释机制——TEM8笔译教学理论与方法探索[J].广东外语外贸大学学报，2012，23(5).
[70]张聪.用英语语篇分析引导商务英语阅读[J].广州市经济管理干部学院学报，2007(1).
[71]张德禄.论语篇连贯[J].外语教学与研究，2000(2).
[72]张魁.略论Van Dijk语境模式论对批评话语分析的理论支持[J].电影文学，2007(12).
[73]张鸰.TC启示下建设职业用途英语语料库的构想[J].外语电化教学，2010(3).
[74]张鋆.评价的说服机制探析——以商务英语信函为例[J].外语教学，2013，34(4).
[75]周芹芹.多媒体自主学习模式在商务英语教学中的实践探索[J].外语电化教学，2008(4).
[76]周文萱.基于话语共同体的商务英语体裁分析[J].外语学刊，2011(6).
[77]朱长河，朱永生.认知语篇学[J].外语学刊，2011(2).
[78]朱永生.语境动态研究[M].北京：北京大学出版社，2005.
[79]BARGIELA-CHIAPPINI F，NICKERSON C，PLANKEN B. Business discourse[M]. 2nd ed. Shanghai: Shanghai Foreign Language Education Press，2014.
[80]BARTLETT F C，BURT C. Remembering: a study in experimental and social psychology[J]. British Journal of Educational Psychology，1933，

3（2）.
[81]BHATIA V K. Discursive practices in disciplinary and professional contexts [J]. Linguistics and the Human Sciences，2006，2（1）.
[82]BLAKEMORE D. Understanding utterances: an introduction to pragmatics [M]. Oxford: Wiley–Blackwell，1992.
[83]BLOOMFIELD L. Language [M]. New York: Holt，1933.
[84]BOBROW D G，COLLINS A. Representation and understanding: studies in cognitive science [M] //RUMELHART D E. Notes on a schema for stories. New York: Academic Press，1975.
[85]BOWLES H. Analyzing languages for specific purposes discourse [J]. The Modern Language Journal，2012，96（s1）.
[86]BROWN G，YULE G. Discourse analysis [M]. Cambridge, UK: Cambridge University Press，1983.
[87]COULMAS F. On the sociolinguistic relevance of routine formulae [J]. Journal of Pragmatics，1979，3（3–4）.
[88]COWIE A P. Phraseology: theory, analysis and applications [M] // ALTENBERG B. On the phraseology of spoken English: the evidence of recurrent word combinations. Oxford: Oxford University Press，1998: 85–96.
[89]DANIUSHINA Y V. Business linguistics and business discourse [J]. Calidoscópio，2010，8（3）.
[90]DE BEAUGRANDE R A，DRESSLER W. Introduction to text linguistics [M]. London: Longman，1981.
[91]ELLIS M，JOHNSON C. Teaching business English [M]. Oxford: Oxford

University Press, 1994.

[92] EVANS S. "Just wanna give you guys a bit of an update": insider perspectives on business presentations in Hong Kong [J]. English for Specific Purposes, 2013, 32 (4).

[93] FLOWERDEW L. Integrating traditional and critical approaches to syllabus design: the what, the how and the why [J]. Journal of English for Academic Purposes, 2005, 4 (2).

[94] FUKUDA K. A comparative study of metaphors representing the US and Japanese economies [J]. Journal of Pragmatics, 2009, 41 (9).

[95] FULTON J. Effects of positive politeness strategies in business letters [J]. Journal of Pragmatics, 2010, 42 (9).

[96] GIMENEZ J. Multi-communication and the business English class: research meets pedagogy [J]. English for Specific Purposes, 2014, 35 (7).

[97] GRICE H P. Studies in the way of words [M]. Cambridge: Harvard University Press, 1989.

[98] GUMPERZ J J. Discourse strategies [M]. Cambridge, UK: Cambridge University Press, 1982.

[99] HALLIDAY M A K, HASAN R. Cohesion in English [M]. Beijing: Foreign Language Teaching and Research Press, 2001.

[100] HUNSTON S, THOMPSON G. Evaluation in text: authorial stance and the construction of discourse [M] // MARTIN J R. Beyond exchange: appraisal system in English. Oxford: Oxford University Press, 2000: 175-186.

[101] JACKSON J. An inter-university, cross-disciplinary analysis of business education: perceptions of business faculty in Hong Kong [J]. English for

Specific Purposes，2005，24（3）.

［102］JAWORSKA SYLVIA.But then something happened: a critical multimodal genre analysis of corporate image repair videos[J].English for Specific Purposes,2023,69.

［103］JESPERSEN O. Analytic syntax［M］. Chicago: University of Chicago Press，1937.

［104］KÖLLER V. Metaphor and gender in business media discourse: a critical cognitive study［M］. Shanghai: Shanghai Foreign Language Education Press，2014.

［105］KÖVECSES Z. Metaphor in culture: universality and variation［M］. Cambridge, UK: Cambridge University Press，2005.

［106］KÖVECSES Z. Metaphor: a practical introduction［M］. 2nd ed. Oxford: Oxford University Press，2010.

［107］LAKOFF G，JOHNSON M. Metaphors we live by［M］. Chicago: University of Chicago Press，1980.

［108］LAKOFF G，JOHNSON M. Philosophy in the flesh: the embodied mind and its challenge to western thought［M］. New York: Basic Books，1999.

［109］LAKOFF G. Women, fire, and dangerous things: what categories reveal about the mind［M］. Chicago: University of Chicago Press，1990.

［110］LEVINSON S C. Pragmatics［M］. Cambridge: Cambridge University Press，1983.

［111］LYONS J. Introduction to theoretical linguistics［M］. Cambridge, UK: Cambridge University Press，1968.

［112］LYONS J. Semantics［M］. Cambridge, UK: Cambridge University Press，

1977.

[113] MIEROOP D V D, SCHNURR S. Negotiating meaning and co-constructing institutionalisable answers: leadership through gate-keeping in performance appraisal interviews [J] . Journal of Pragmatics, 2014, 67 (2) .

[114] MOODY S J. "Well, I'm a Gaijin" : constructing identity through English and humor in the international workplace [J] . Journal of Pragmatics, 2014, 60 (1) .

[115] MORENO R. The interdependence of repetition and relevance in university lectures [J] . Journal of Pragmatics, 2012, 44 (6 - 7) .

[116] MURATA K. An empirical cross-cultural study of humor in business meetings in New Zealand and Japan [J] . Journal of Pragmatics, 2014, 60 (1) .

[117] PLANKEN B, MEURS F V, RADLINSKA A. The effects of the use of English in polish product advertisements: implications for English for business purposes [J] . English for Specific Purposes, 2010, 29 (4) .

[118] REN C W, LU X F. A multi-dimensional analysis of the management's discussion and analysis narratives in Chinese and American corporate annual reports [J] . English for Specific Purposes, 2021, 62.

[119] ROGERSON P. Using English for international business: a European case study [J] . English for Specific Purposes, 2007, 26 (1) .

[120] SCHIFFRIN D. Discourse Markers [M] . Cambridge, UK: Cambridge University Press, 1988.

[121] SPERBER D, WILSON D. Relevance: Communication and Cognition [M] . Beijing: Foreign Language Teaching and Research Press, 2001.

[122] SUN Y, JIANG J. Metaphor use in Chinese and US corporate mission statements: a cognitive sociolinguistic analysis [J] . English for Specific Purposes, 2014, 33 (1) .

[123] SZNAJDER H S. A corpus-based evaluation of metaphors in a business English textbook [J] . English for Specific Purposes, 2010, 29 (1) .

[124] TAYLOR J R. Linguistic categorization: prototypes in linguistic theory [M] . Beijing: Foreign Language Teaching and Research Press, 2001.

[125] VAN DIJK T A. Discourse and context: a sociocognitive approach [M] . Cambridge, UK: Cambridge University Press, 2008.

[126] VAN DIJK T A. Text and context: explorations in the semantics and pragmatics of discourse [M] . London: Longman, 1977.

[127] VAN HOEK K, KIBRIK A A, NOORDMAN L. Discourse studies in cognitive linguistics: proceedings of the 5th International Cognitive Linguistics Conference, Amsterdam, July 1997 [C] . Amsterdam: John Benjamins Publishing Company, 1999.

[128] VELASCO-SACRISTAN MARISOL, FUERTES-OLIVERA PEDRO A . Towards a critical cognitive - pragmatic approach to gender metaphors in Advertising English [J] . Journal of Pragmatics, 2006, 38 (11) .

[129] VERSCHUEREN J. Understanding Pragmatics [M] . Beijing: Foreign Language Teaching and Research Press, 2000.

[130] WALKER C. How a corpus-based study of the factors which influence collocation can help in the teaching of business English [J] . English for Specific Purposes, 2011, 30 (2) .

[131] WARREN M. "Just spoke to ..." : the types and directionality of

intertextuality in professional discourse [J] . English for Specific Purposes，2013，32（1）.

[132] WENINGER C，KAN H Y. Critical language awareness in business communication [J] . English for Specific Purposes，2013，32（2）.

[133] WINSTON P H. The Psychology of Computer Vision [M] //MINKSY M. A framework for representing knowledge. New York: McGraw–Hill，1975：211–277.

[134] WRAY A. Formulaic Language and the Lexicon [M] . Cambridge, UK: Cambridge University Press，2002.

[135] WYER R S，SRULL T K. Handbook of social cognition [M] // RUMELHART D E. Schemata and the cognitive system. New Jersey: Lawrence Erlbaum Associates，1984：161–188.

[136] YEUNGA L. In search of commonalities: some linguistic and rhetorical features of business reports as a genre [J] . English for Specific Purposes，2007，26（2）.

[137] YU N. The contemporary theory of metaphor: a perspective from Chinese [M] . Amsterdam: John Benjamins，1998.

[138] YULE G. Pragmatics [M] . Shanghai: Shanghai Foreign Language Education Press，2000.